Advice for Japanese
Who Work with Americans

反省しない
アメリカ人を
あつかう方法**34**

ロッシェル・カップ
Rochelle Kopp

はじめに

　私が、「反省しないアメリカ人をあつかう方法」というタイトルの本を書いたと日本人に言うと、必ず大きな反応が返ってくる——普通は皆、大笑いする。確かに、このタイトルにはhit a raw nerve（痛いところに触れる）ものがある。

　本書『反省しないアメリカ人をあつかう方法34』は「歴史のある本」だ。1998年に刊行されたアルク新書『反省しないアメリカ人をあつかう方法』、2003年の増補改訂版を経て、このたび12年ぶりにアップデート版として刊行することになった。アルク新書、増補改訂版に寄せられた読者からの要望に応えるため、新しく書き下ろした部分も多く含まれている。

　「アメリカ人は自分の非を認めない」「アメリカ人はエクスキューズ（言い訳）ばかり言う」「英語には『反省』という言葉がないのだろうか。とにかく、アメリカ人が反省するのを見たことがない」。こういった不満を、私の会社の顧客である日本人ビジネスパーソンから、今も昔も頻繁に耳にする。これは、日本人向けのセミナーを行った際、定番と言えるほど必ず出る、アメリカ人への「苦情」だ。

　アメリカ人と一緒に仕事をしている日本人たちは、こういった行き場のないフラストレーションを日々抱えている。そうした皆さんのために執筆したのが、本書だ。もし米国の文化的背景を知らなか

ったら、アメリカ人の行動の多くについて、本当に不思議だと感じるだろうし、その状態のままで一緒に仕事をしようとすると、失敗する危険性が高い。アメリカ人の考え方と行動パターン、そして米国のビジネスの常識を解説した本書を読めば、アメリカ人との仕事を随分スムーズに進められるだろう。

今回のアップデート版では、アメリカ人と日本人それぞれの視点からの悩みに対し、解決策を提案している。

Chapter 1では、アメリカ人従業員（同僚、部下、顧客）の困った習慣を取り上げ、そんな彼らにどう対処すればいいかについて丁寧に解説した。日本人の部下を持つ上司の皆さんにも、きっと「なるほど！」と思ってもらえる解決策があるはずだ（最近のあなたの部署の新入社員たちは、アメリカ人と同じくらい、いや、アメリカ人以上に「反省しない人類」かもしれないので……）。

Chapter 2では、日本人社員もわが身を振り返ってみよう、という提案をしている。アメリカ人とより仕事をしやすくするために、日本人が「調節」できる事柄について述べているので、参考にしてほしい。

Chapter 3は、主にアメリカ人上司の下で働いている人向けの内容で、このアップデート版のために新たに書き下ろした。最近のグローバル化の波を受け、米国企業で働く日本人の数が増えると同時に、日本企業でもアメリカ人上司の下で働く可能性が高まってきている。この章は、そういった環境で働く人がぶつかりがちな悩みに

応える内容となっている。とはいえ、アメリカ人の友人、隣人、伴侶、恋人を持つ皆さんにも役立つ示唆が多いので、ぜひご一読を勧めたい。

　経営コンサルタントという仕事柄、本書で紹介する文化の違いによる誤解や衝突、そのために苦労している日本人とアメリカ人を毎日見ている。日本人とアメリカ人の間に起こる問題が、あまりにもパターン化、典型化しているものが多い（そして日々増えている）ので、実は常に驚いている。

　こんなに長く一緒に、しかも密接にビジネスをしているのに、日本人とアメリカ人はまだお互いに十分理解していない。残念だとは思いながら、実はアメリカと日本の間の大きなギャップがあることには、いい面もあると思っている。

　日本人とアメリカ人はあまりに違っているからこそ、互いに学べることが非常に多い。「日本人の強みはアメリカ人の弱み」、あるいは「アメリカ人の強みは日本人の弱み」だと感じるケースはかなりある。日本人の強みとアメリカ人の強みが融合できたら、きっと理想的な仕事ができるだろう。

　英語にはopposites attractという表現がある。恋愛関係にある人たちに使われることが多いのだが、その意味はこうだ。「性格がまったく反対なのに（あるいはそうだから）、互いに強く引かれ合っている」。アメリカ人と日本人もそうではないだろうか。

日本人とアメリカ人は、いろんな意味で互いを補充できる間柄なので、上手に協力すれば、素晴らしい仕事ができる可能性を秘めている。しかし、そういった可能性を実現するためには、まずは障壁になっている誤解やミスコミュニケーションを乗り越える必要がある。そのためのアイデアとテクニックを提供するのが、本書の狙いである。

　アメリカ人の考え方を理解して、関係性をよくしようとしている日本人の皆さんにとって本書が参考になり、毎日の業務やアメリカ人との仕事がスムーズに進み、ひいては日米関係が少しでもよくなれば、大変嬉しい。

　本書のベースになっている内容は、アメリカで刊行されている日本語無料情報誌『U.S. FrontLine』の連載記事に初めて登場した。長い間執筆の機会を与えてくださったこの雑誌に、心から感謝する。そして、アルク新書の出版を提案し、増補改訂版の編集も担当してくださったアルクの永井薫さん、そして今回のアップデート版を進め、編集を担当してくださった同社の美野貴美さんにお礼を申し上げたい。最後に、いつも多くのことを教えてくださる私の会社の顧客の皆さまや、セミナーの参加者の方々にも大きな感謝をささげたい。

ロッシェル・カップ
シリコンバレー、カリフォルニア
2015年12月

本書に関するご意見やご感想、またはジャパン・インターカルチュラル・コンサルティング社がアメリカと日本で行っているコンサルティングやセミナーに関してのお問い合わせは、下記までいつでもお気軽にどうぞ（日本語可能）。

メール：rochelle.kopp@japanintercultural.com
Facebook：https://www.facebook.com/rochelle.kopp/（友達リクエスト歓迎）
Twitter：@JICRochelle
LinkedInでのリンクリクエストも歓迎します。

ジャパン・インターカルチュラル・コンサルティング
日本支店　山本和隆（日本代表）
〒105-002　東京都港区海岸1-2-3　汐留浜離宮ビル21階
電話 03-5403-5926
メール：kazutaka.yamamoto@japanintercultural.com

CONTENTS

はじめに ____ 003
ダウンロード特典について ____ 012

Chapter 1
アメリカ人には気をつけろ！

★01 文句の多いアメリカ人 ____ 014
★02 反省しないアメリカ人 ____ 019
★03 ほめられたいアメリカ人 ____ 026
★04 我慢できないアメリカ人 ____ 035
★05 締め切りを守らないアメリカ人 ____ 041
★06 組織の序列を無視するアメリカ人 ____ 047
★07 批判に弱いアメリカ人 ____ 052
★08 おしゃべりなアメリカ人 ____ 057
★09 秘密主義のアメリカ人 ____ 066
★10 「ノー・プロブレム」と言うアメリカ人 ____ 071
★11 すぐ"I can do it."と言うアメリカ人 ____ 077
★12 "That's not my job!"と言うアメリカ人 ____ 082
★13 残業しないアメリカ人 ____ 089
★14 他部署からの依頼を軽んじるアメリカ人 ____ 096
★15 同じ失敗を繰り返すアメリカ人 ____ 102
★16 注文の多いアメリカ人 ____ 107

Chapter 2

こんな日本人と日本企業もコマリマス……

- ⑰ 会議が苦手な日本人① ___ 116
- ⑱ 会議が苦手な日本人② ___ 122
- ⑲ 会議が苦手な日本人③ ___ 128
- ⑳ 日本語を話したがる日本人 ___ 138
- ㉑ すぐ異動してしまう日本人 ___ 144
- ㉒ 実現できない目標を立てたがる日本人 ___ 150
- ㉓ ミステリアスな日本人 ___ 154
- ㉔ 早く決められない日本人 ___ 162
- ㉕ 何でも「至急」扱いにしたがる日本人 ___ 165
- ㉖ 日本語を教えたがらない日本人 ___ 171
- ㉗ 板挟みになっている日本人 ___ 180
- ㉘ 返事をよこさない日本の本社 ___ 185
- ㉙ 米国市場に疎い日本の本社 ___ 191

CONTENTS

Chapter 3

アメリカ人上司の下で働くのも楽ではない！

- ❸⓪ 部下の悩みに気づかないアメリカ人上司 ___ *196*
- ❸❶ 自己アピールを期待するアメリカ人上司 ___ *202*
- ❸❷ メールに返事をしないアメリカ人上司 ___ *208*
- ❸❸ 本心がわからないアメリカ人上司 ___ *215*
- ❸❹ 日本市場の特徴を理解しないアメリカ人上司 ___ *222*

おわりに ___ *229*

Column

1. Thank you. 以外のほめ言葉いろいろ —— 033
2. 押さえておきたい「アメリカ人へのメールの作法」 —— 063
3. 同僚のアメリカ人の自宅に招待された。さあどうする？ —— 087
4. アメリカ人との会議で口を挟む術 —— 136
5. 世間話のコツ —— 160
6. あなたの英語、ここが危ない！ —— 176
7. 忙しくても長い夏休みをとるアメリカ人 —— 213

ダウンロード特典について

本書ご購入の方限定のダウンロード特典をご用意いたしました。
ぜひご活用ください。

☑ アメリカ人との仕事で今すぐ使える！

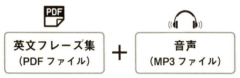

英文フレーズ集
(PDFファイル)
＋
音声
(MP3ファイル)

☑ 本書掲載の英文フレーズのうち、活用しやすいものをまとめました。

ダウンロード方法

まずはこちらへアクセス！ ※ PC専用のサイトです。

http://www.alc.co.jp/dl/
アルク　ダウンロードセンター

なお、本サービスの内容は、
予告なく変更する場合がございます。
あらかじめご了承ください。

Chapter 1

アメリカ人には気をつけろ！

ふだんはとてもいい人なのに、なぜか時々、理解不能なことを言ったり、行動をとったりするアメリカ人。例えば、絶対できそうにないことを「できます！」と言ってみたり、依頼された仕事を無視したり。実はそれは、その人の人間性の問題ではなくて、国民性がそうさせているのかもしれません。

文句の多いアメリカ人

何でもかんでも上司任せのアメリカ人社員のあつかい方

あるアメリカ人従業員は、上司の日本人マネージャーに文句を言いっぱなし。彼に言わせると、職場の空気の質（the air quality in the office）から経営戦略（corporate strategies）まで、会社のすべての面に欠点があるようだ。周りの日本人駐在員たちは、「この会社がそんなにいやだったら、辞表を出せば？」と思うほど。しかし、辞めるどころか、仕事では大活躍しているのだ。彼が不平不満を言わなくなるようにするにはどうすればいいだろう。

★ 従業員が解決する日本、上司が解決する米国

アメリカ人は問題点を上司に指摘することが多い。そしてまた、明らかにされた問題についての対処法も、日米間で差がある。日本では部下が率先して、必要と思われる解決案を提案し、上司の意見を聞く。

アメリカ人は指摘された問題を解決するのは上司の役割とする。上司は問題を把握し、対策を練って、部下にどうすればよいかを指示する。これは、「経営者や上司は、彼らの部下より知識および判断力が優れているため、重要な決断は任せたほうがよい」という能力主義の考え方に基づいている。実際に仕事に携わり、勝手がわかっている従業員に問題解決を任せてしまう日本の「現場主義」(the people who are actually doing the work know best how to solve problems）とは正反対だ。

　また、アメリカ人は、権限と責任（authority and responsibility）を明確にしたがる。個人が責任を分担することにより、その責任の範囲内で自ら意思決定をすべきだと考えている。

　例えば、ある商品の購買が自分の責任であれば、その商品をどこからいくらで買うかは担当者が自分で決める権利がある。しかし、他の従業員が自らの責任において遂行している業務について口を差し挟めば（put in their two cents' worth）、その人の権限を侵す（step on their toes）ことになる可能性が高い。

　従業員個人の権限に含まれないことや複数の従業員に影響がおよぶことは、上司が解決しなければならない。この考え方は日本の経営方法とは異なるため、前述のとおり、誤解の原因になりがちだ。

　日本では、従業員自らが問題解決のための提案をすることが奨励されているため、アメリカ人従業員が解決のための提案もせずに問題点のみ指摘すると、日本人の目には「文句ばかり言っている」と映ることが多い。一方アメリカ人は、上司に問題を訴えることにより、その問題を解決するためのチャンスを提供していると考える。だから上司がすばやく反応しないと、アメリカ人は「この上司は部下に関心がない」と思うのだ。

★ 我慢させるより、すばやい決断を

　日本の文化は「我慢」（being patient / putting up with things you don't like）を高く評価する傾向があるようだ（Chapter1の04を参照）。一方instant gratification（即時に満足を得ること）を大切にしている米国社会では、問題はすばやく解決するにかぎる。リ

ーダーは有能であるほど、早く決断を下し、変化に対応する。

これは「ジョン・ウェイン方式」(John Wayne style)とも言い、多くの西部劇に主演したジョン・ウェインよろしく、be quick on the draw / fast out of the holster（ピストルをすばやく抜く）ことを重視する。つまり、部下の問題指摘に対する「今考えているので、もう少し我慢してください」といった発言は、アメリカ人には納得しがたいものなのだ。

★ 耳を傾けることが解決への第一歩

文句の多い従業員がいると、日本人上司は疲れてしまい、耳をふさぎがちになる。しかしこれでは解決にならないし、アメリカ人はますますいらだってしまう。**まず、その人の意見に耳を傾けることが大事だ。会議室で話したり、一緒にランチを食べながら相談したりするのもよい。彼らの言い分をしっかり聞くだけで、問題の半分は解決したと言える。**

また、この「ぶつぶつ文句を言っている」従業員は、実は貴重な情報を提供していることも多い。ちゃんと聞けば、参考になる可能性は大きい。問題意識を持っている従業員は会社の改善を願っているわけで、そうでなければ苦情を言うことにエネルギーを費やしたりはしないからだ。

次のステップは指摘された問題を解決すること。解決方法を従業員に聞くことも大切だ。

▶ **If you were in my position,** what would you do about this problem? (もしあなたが私の立場にいたら、この問題をどう解決しますか)

のように尋ねて、従業員に管理職の立場で考えさせるのもよい。そうすると、問題解決のために常に上司に依存することはなくなるだろう。**部下が指摘した問題がどうしても解決できない場合、あるいは解決に時間がかかりそうな場合は、その理由（何が障壁か）を率直に説明しよう。**指摘が無視されたと思われるよりはよほどよい。

★ 従業員が自分で解決策を探せるように

　従業員からの不平不満に対する長期的戦略として、経営者が従業員の声を聞くためのシステムを作るのが望ましい。そのためには、社員を対象にしたアンケートやインタビュー調査が役立つ。そして経営者のところに問題を持ち込むだけではなく、従業員に自分で解決方法を見出すチャンスも与えなくてはならない。

　一般の米国企業では、上司が問題を解決するトップ・ダウン式経営法（top-down management style）が浸透しているが、一部の進歩的な企業では、問題解決の責任を従業員に与えるやり方が、よい結果を生んでいる。

　投書箱（suggestion box）を設置し、従業員に現在の問題とそれに対する解決案を出してもらうのもよい（実際の箱の代わりに、メールを使っている企業も多い）。経営者は従業員から出されたアイデアを検討し、採用案を提出した従業員には賞金や賞品を与える。

　あるいは定期的に従業員を集めて、問題解決に関するブレインストーミング（brainstorming：他を批判することなく自由にアイデアを出し合うこと）をすることにより、従業員と経営者の間の対話を活発にする。タウンミーティング（town meeting：町内会）の雰囲気を作り、意見交換の場とするのだ。また、特に複雑な問題の場合には、その分析・対策のためにタスクフォース（task force：

特別委員会）を設置するのもひとつの手だ。

　アメリカ人の多くは、問題解決までの過程を理解しにくく、自分の関わり方がよくわからない場合にいらだちを感じる。日本企業は米国企業と違って責任分担が不明確なため、アメリカ人従業員は自分が無力に思えてしまうのだ。彼らを会社の経営プロセスに参加させ、権限と責任を与えれば、問題を自発的に解決する構造ができ、「文句」の数も自然に減るだろう。

まとめ 01

☑ アメリカ人従業員にとって、上司とは「問題をすばやく解決する存在」。決断を早く下し、変化に対応すべし。

☑ 文句だと思える意見にも、必ず耳を傾けること。

☑ どうしても解決できない問題、解決に時間がかかる問題については、理由を率直に説明する。

☑ 従業員が解決案を提案しやすい仕組みを作るのもいい。

Chapter 1_アメリカ人には気をつけろ!

反省しないアメリカ人

無意識のうちに自己弁護してしまう国民性

> 「アメリカ人は反省しないから、問題の分析ができない。私たちは問題の根本的な原因を追究して、同じ問題が再発しないようにしたいが、問題を指摘されるとアメリカ人は自己弁護ばかりする。そんな態度をとられると何も改善できない」とはアメリカ人と一緒に働いている日本人の共通の悩み。アメリカ人に問題の原因を分析させ、自分の誤りを認めて改善してもらうためには、何をすればよいのだろうか。

★ 反省はしているのだが……

　上記のような不満は、アメリカ人と仕事上の付き合いのある日本人から頻繁に聞かれる。製造現場の技術アドバイザーから販売チームを管理するセールス担当マネージャー、果ては社長まで。これは米国の文化と仕事の進め方が、日本のそれと真っ向からぶつかっているせいだと言える。

　アメリカ人は反省していないように見えるが、まったく反省しないわけではない。自分が反省していることを表に出すことに抵抗を持っているから、反省していると口にしないだけだ。それでは、改善を達成したい日本人として、どうアメリカ人に接していけばいいのか。

★ 謝ることを期待しない

アメリカ人には謝る習慣がない。 アメリカ人は、もしも自分が謝ったら、周囲の人が問題を自分のせいにして、何かの懲罰を与えるか、自分の責任を問われてしまうと思っているので、絶対に謝りたくない。アメリカ人が謝るのを待っていたら、永久に待つしかないので、さっさとあきらめて、下記に説明するようなやり方で、実際の問題に取り組んだ方がよいだろう。アメリカ人部下に謝らせることにエネルギーを使うのは無駄なばかりか、双方の悪い感情を引き出すことになりかねない。

★ 攻撃的な雰囲気を作らない

アメリカ人は、責められると自己弁護を始める傾向があるので、相手にそう感じさせるような言い方を、まずは日本人が避ける必要がある。実際のところ、**日本人の原因追求を目的にした質問が、アメリカ人の目に攻撃的に映る場合が少なくない。**

日本人は問題の原因を発掘しようとしているだけかも知れないが、アメリカ人の目から見ると、責任を持つ人は誰なのかを見つけ出す活動のように見えるので、自分を守るために自然と抵抗することになる。

なお、原因追求の質問や問題に対するフラストレーションをきついトーンで言うと、アメリカ人にさらに攻撃的なものとして受け取られ、より強い自己防衛の反応を引き出す。

日本では、上司に対しては丁寧語で話すだろうが、部下やサプライヤーなど、「下」に当たる人に対しては必ずしもそうではない。特にミスをした部下やサプライヤーに対しては叱責したり、荒っぽい

表現を使ったり、時には怒鳴ったりすることもあるだろう。

アメリカでは平等意識があって、上司であれ部下であれ、誰に対してもおなじように丁寧に話さなければならない。日本人が必要以上に厳しい態度に出たり、荒っぽい言葉遣いをしたりすると、問題を悪化させるだけだ。

英語には、「You catch more flies with honey than with vinegar.（ハエは酢よりも蜂蜜に引き寄せられる――穏和な態度がよりよい結果を生む）」ということわざがあるが、人の管理にも同じことが言える。穏やかな言葉遣いをすれば、アメリカ人部下に耳を傾けてもらい、業績改善に協力してもらうことができる。もちろん、問題がある場合、改善の必要性をはっきり伝えるのは大事だが、相手の自尊心を傷つけてはいけない。**「明確に言っておく」ことと「叱る」ということの違いを認識する必要がある。**

★「問題を誰かのせいにしようとしているわけではない」ということを強調する

日本人が怒鳴っていなくても、失敗や問題の話になると、アメリカ人は「自分が責められている」と感じる可能性がある。そのため、そんなつもりはないことを伝えて、相手を安心させる必要がある。これには、二つの方法がある。

(1) 問題を指摘するときに、youを使わない。その代わりにweを使う。これは、「you」を使うと、問題が完全にその人の責任であるという雰囲気になるからだ。weを使えば、自分は問題の解決に手を貸し、相手の努力をサポートするという気持ちが伝わる。アメリカ人の耳には、You have a problem. と We have a problem. では随分違って聞こえるのだ。

(2) 問題の責任者を探し出そうとしているのではなく、問題の原因を追究しているのだと言えばアメリカ人は安心する。そのために、次の（イ）と（ロ）の表現リストから一つずつ引用して説明すれば効果的である。

(イ)「問題の責任者を探してはいない」

▶ I'm not trying to **put the blame on** anyone. （問題を誰かのせいにしようとしているわけではありません）

▶ I'm not trying to **point fingers**. （責任者を探し出そうとしているわけではありません）

▶ I'm not **looking for a scapegoat**. （問題のすべてを一人のせいにしてその人を犠牲者にするつもりではありません）

(ロ)「問題の原因を解明しようとしている」

▶ I just want to **figure out why this happened**. （なぜこういうことが起こったかを解明しようとしているだけです）

▶ I'm just trying to **get to the root of the problem**. （問題の根本を探そうとしているだけです）

▶ I just want to **understand what happened**. （何が起こったかを理解しようとしているだけです）

★ 前向きな表現を使う

　責任者の洗い出しが目的のように思えれば、アメリカ人は自己弁護をするが、解決対策を論ずるならば、彼らは積極的に追求する。ここでも、完全に部下の問題にするのではなく、

▶ **Let's find a way** to solve this problem.（この問題の解決策を探しましょう）

▶ **Let's think about** how to improve this situation.（この状況を改善するための方法を考えましょう）

のように、相手に働きかけると同時に、let'sを使うことによって、問題解決のために協力する気持ちを示す。文の最後に「together」を付けると、一緒に取り組むつもりだということが強調されるので、さらによい。

　日本の「反省」は、過去のことを考えて分析するニュアンスが強いが、アメリカ人は将来を大切に考える。したがって、前向きな表現を使えば、アメリカ人の協力を得るのにとても効果的である。例えば、

▶ Let's make a plan to ensure that **this same problem doesn't happen again**.（同じ問題が再発しないようにするために、計画を練りましょう）

▶ Let's think about how we can **avoid this kind of situation in the future**.（今後このような状況をどういうふうに避ければいいか考えましょう）

▶ I know that our team can do better than this. Let's **work toward better results next time**.（このチームならさらなる成果を上げられるのはわかっています。次回よりよい成果を出すために、一緒に努力しましょう）

▶ Let's discuss how we can **improve**.（どうすれば改善できるか相談しましょう）

▶ Let's talk about how we can **do better**. (どうすればよりよい成果を出せるか話し合いましょう)

などは有効な言い方である。これらの表現はアメリカ人の耳にとって冷静かつ計画的な表現のように聞こえるので、彼らはすぐ応じるだろう。

もちろん、対策を練る上で、今までの問題の原因に触れることは避けて通れないが、この場合、論点は誰かのせいにするのではなく、今後どうするかというところにあるので、アメリカ人はそれを居心地の悪いこととは考えない。

★ 失敗は成功の母であることを強調する

ほとんどのアメリカ人は、失敗したときこそ学習のチャンスだと思っている。そこで、この信念に基づいた表現を使えば、アメリカ人は納得する。

▶ What can we learn from this? (私たちはこのことから何を学べるでしょうか)

▶ Let's consider this a learning opportunity. (これを学びの機会として考えましょう)

▶ Things didn't turn out as well as we wanted. Let's find some lesson that we can apply the next time. (思ったほどうまくいきませんでした。次回に応用できる教訓を見つけましょう)

などの表現がよいだろう。

★ 問題分析は自然と身につくものではない

　日本的な品質管理で使われている問題分析の方法や原因追求の仕方は、日本では普通になされていることなので、多くの日本人は、できてあたりまえのように感じるだろう。しかし米国では、そういった方法は、まだ一般的に導入されていない。そのため、もしアメリカ人従業員にそれを理解して使ってもらいたかったら、従業員に教える必要がある。会社の教育プログラムの一環としてとり入れればよい。英語で学べる教育プログラムも数多く用意されている。

まとめ 02

☑ アメリカ人には謝る習慣がない。

☑ 日本人の態度は、アメリカ人にはともすると攻撃的に映る。どんな立場の人にも平等に、丁寧に話そう。

☑ 問題を指摘するときは、we を使う。前向きな表現も効果的。

☑ 日本で一般的な問題分析の方法は、アメリカでは一般的ではない。教育プログラムの導入や検討をお勧めする。

ほめられたいアメリカ人

彼らは「精神的報酬」を求めている！

? 日系企業で働くアメリカ人と話をすると「上司からのほめ言葉がまったくない」(My manager never gives me positive feedback.)、「会社はわれわれの努力を認めていない」(The company doesn't appreciate our hard work.)、「頑張っても感謝されない」(I don't get any thanks even when I work hard.) などという不満をよく聞く。日本人上司は決して彼らの業績を評価していないわけではないのだが、この誤解を解くためにはどうすればいいのか。

★ 日本人はなぜほめないか

　この場合、アメリカ人従業員は、日本人の上司が自分たちの努力に気づいていないと思っている。そうではないことを示すためには、感謝やねぎらいの言葉をかける必要がある。しかし、ほめなければいけないと頭でわかっていても、その実用性を理解し、かつ実践するのは難しく、抵抗があるものだ。職場にかぎらず、親子関係でも日本人は「ほめ下手」と言われる。これはなぜなのだろうか。

　一つには、多くの日本人は完ぺきを求める傾向が強く、その結果、欠点のあるものをほめたくないという気持ちがあるように思われる。アメリカ人の場合は、欠点があっても、他によい点があればそれを指摘しようとする。小さい頃から家庭や学校、そして職場で常にほ

められ続けているので、アメリカ人上司と比べてほめ言葉が比較的少ない日本人上司の下で働くと、ショックを受ける場合があるのだ。

もう一つの理由として、日本の終身雇用制度下では、従業員と会社の関係はある程度安定しているため、言葉による感謝の必要性が薄いということも考えられる。「もしほめてしまったら、図に乗って今までほど頑張らなくなるのでは」と言う日本人上司もいるほどだ。

★ ほめることの意義

米国では、ほめるとはすなわち「精神的な報酬を与える」(a reward for the spirit) ことで、相手の能力ややる気を高める効果があると考えられている。こういった考え方の裏には、「正の強化」(positive reinforcement) という原理がある。

例えば犬のトレーニングを考えてみよう（人間と犬を比較するのはよくないが、最もわかりやすい例である）。米国では犬が命令に従うと、必ずGood boy!などと言ってほめ、スナックをやったりする。つまり、よい行動に対して「ほうび」を与えるのだ。スナックがほしい犬は、またよい行動をしようとする。

これは人間も同じことで、誰でも「ほうび」をもらえば喜び、その後もほめられるための努力をする。逆に、ほめられなかったら、「私の仕事を上司は評価していない」とか「この会社に私の将来はない」と思うかもしれない。**アメリカ人はお金のためだけに働くというイメージが強いかもしれないが、実は感謝やほめ言葉などの精神的報酬をとても大切にしているのだ。**

★ いつほめるか、どこでほめるか？

それでは、うまいほめ方を考えてみよう。以下の(1)〜(4)を押さえておくとよい。

(1) すぐほめる

従業員がよい仕事をした時、それをすぐその場で、言葉で認めることが大事である。Good job! や Nice work!、Thank you for your hard work.（すべて「よく頑張ったね」の意味）などの簡単な表現で十分だが、評価している行動は何なのかについて具体的に言えば、なおよい。このようなほめ言葉をしょっちゅう使っていれば、その積み重ねがプラスの印象を与える（職場で役立つほめ言葉については33ページのColumn 1を参照のこと）。

要するに、万一気づいていたとしても日本人同士であれば特に口にしないことを、英語では必ず言葉にするのである。部下に対してこんなに丁寧に話す必要があるのかと疑問に思うかもしれないが、米国ではごく普通のことだし、アメリカ人を管理するには不可欠なことだ。命令口調で厳格なイメージを与える上司は時代遅れだと思われる。

(2) 言いにくいことを伝える前にまずほめる

また、否定的な情報を伝える時にも、肯定的な情報を織り込むとずっとうまくいく。映画『メリー・ポピンズ』の歌の題名にもなっていることわざ A spoonful of sugar helps the medicine go down.（砂糖と一緒にすれば、薬は飲みやすくなる）の通り、何かひとつほめれば、やっていることのすべてが批判されているわけではないとわかるので、相手は安心する。否定的な情報ばかりを与えると絶望して、くびになるかもしれないと思い悩む可能性がある

ので、注意が必要である。例えば、このように言うとよいだろう。

▶ **I really appreciate** all the hard work you've done on this report. Overall, it looks good. **However,** there are a few sections that need further fine-tuning.（レポート作成に力を注いでくれて本当にありがとう。全体として、よくできているようですね。ただ、微調整が必要な項目が2、3カ所あるようですが）

(3) 他人から聞いたほめ言葉を伝える

顧客や社内の他部署の人や幹部などから、自分の部下の仕事についてほめられたら、本人にすぐ伝えよう。例えば、

▶ Yesterday, **the branch manager told me that** he was very pleased by the many new customer relationships our section has developed.（きのう支店長と話しましたが、われわれの課が開拓した新規顧客について、とても満足しているとおっしゃっていましたよ）

は、社内の人の意見の伝達例である。顧客の意見の場合は、

▶ **Thank you for** making such good shipping arrangements for these products. Since you were able to get the products there three days earlier than expected, **the customer was very pleased.**（商品発送をうまく手配してくれてどうもありがとう。予定より3日も早く到着して、お客さまは大変喜んでいらっしゃいましたよ）

のように言える。

(4) チームに対するほめ言葉

日本人はチームワークを大事にし、特定の個人をほめることをあ

まり好まない傾向も見受けられる。それならば、個人に対してではなく、グループ全体（チーム、課、部、会社全体）に対してほめ言葉を伝えることも効果があるので、試してみよう。朝礼などが適切な場であろう。例えば、こういった表現はどうだろう。

▶ Thanks, everyone, for your terrific work on the workplace cleanup. It looks much better in here!（皆さん、仕事場をすばらしく整頓してくださり、ありがとうございます。前よりもずっといいですね！）

▶ I really appreciate everyone pulling together and handling the extra workload we had this week. Thanks to your hard work, we got it all done on time.（皆さんが力を合わせて、今週追加された仕事をこなしたことを、心より感謝申し上げます。おかげで、期日にすべて間に合いました。皆さんの努力に感謝します）

★ 上司はチアリーダー

「アメリカ人従業員をほめたら、昇給を要求されないだろうか」と悩む日本人管理職も多いようだ。しかし、必ずしもそうではない。米国企業では上司は皆を鼓舞するチアリーダー的存在であるべきとされているので、従業員はほめられたことを特別なこととは考えない。特に、そのほめ言葉を日常的に多くの人に対して使っていれば、そのような誤解は生じるはずがない。

なお、この項で勧めている「ほめ言葉」は正式な「実績評価」ではない。実績評価（または勤務評定）は、決まった時期（普通年に1、2回）に特定の書式を使って行うもので、この正式な評価だけが昇給と直接関係してくる。したがって、日常的なほめ言葉はやる気を起こさせるための一手段であって、昇給の約束にはならない。

ただし、日々のほめ言葉に加え、正式な実績評価をする時にも、従業員に対する感謝を伝えることはもちろん大切である。ちなみに、アメリカ人1万人を対象にしたある調査によると、「会社に最も期待していることは?」という質問に対し、「仕事の成果を感謝される」というのが「高い給与」を抜いてトップの回答であった。

★ アメリカ人が最も知りたいのは……

 アメリカ人は「過剰なほめ言葉」(ego stroking)を求めているわけではなく、自分の仕事が評価されているのだという安心感を求めている。ほめ言葉を通して彼らが確認したいのは次の三つだ。

(1) **自分の仕事のやり方が正しいかどうか。上司が満足しているかどうか。**
(2) **上司が自分の努力や実績、成果に気がついているかどうか。**
(3) **自分は会社にとって大切かどうか。自分の存在と努力は会社にとって意味があるのかどうか。**

 以前、当社のセミナーに参加した日系自動車部品メーカーのアメリカ人従業員は、「**むやみやたらとほめてもらう必要はないが、自分の仕事の進め方が正しいかどうかは知りたい。正しいことをやっている時に、上司が『正しい』**(You're doing it correctly.)**と言ってくれれば、それで十分です。そういう言葉がないので、私の仕事のやり方は大丈夫なのか常に心配なのです**」と話している。

 アメリカ人が最も知りたいのは、自分の仕事の進め方が正しいのか、そして評価されているのかということなのだ。

まとめ 03

- ☑ アメリカ人は、小さい頃からほめられて育つ。日本人はほめ下手の人が多いので、アメリカ人は自分たちの努力に気付いていない、と不満をつのらせる。

- ☑ アメリカ人にとって、「ほめる」とは「精神的な報酬を与える」こと。高い給与よりも価値のあることなのだ。

- ☑ ほめるにはいくつかのコツがある。①すぐほめる、②否定的な情報を伝える前にほめる、③他人から聞いたほめ言葉を伝える、④チームに対してほめる。

- ☑ 自分の仕事の進め方が正しいかどうか、それをアメリカ人は常に気にしている。

Chapter 1_ アメリカ人には気をつけろ！

Thank you. 以外の ほめ言葉いろいろ

　Chapter 1の03（26ページ参照）で書いたとおり、米国社会では、一緒に働いている人（部下あるいは同僚）のよい行為に対しては、感謝の気持ちを言葉で伝えるのが普通である。感謝されないと、自分の仕事は認められていないと誤解し、やる気をなくし、ひいては職場環境まで暗くなってしまう。こんな事態にならないよう、感謝の気持ちをきちんとタイミングよく伝えよう。下記に役立つ表現をご紹介する。

基本的な感謝のフレーズ 　これだけ覚えておけばひとまず安心

I appreciate ...	（～をありがとう／～を評価します）
Thank you for ...	（～を感謝します）
I noticed that ...	（～だと気づきました）

もう一歩進んだ感謝のフレーズ 　バリエーションがほしい時に

Thank you for helping with ...
　（～を手伝ってくださって、どうもありがとう）

Thank you for doing a good job on ...
　（～を頑張ってくれてありがとう）

Thank you for taking care of ... so well.
　（～を本当にうまく処理してくださってありがとう）

Thank you for handling ... so skillfully.
　（～を本当にうまく処理してくださってありがとう）

Thank you for taking the time to help me.
　（お手伝いに時間を割いてくれて、どうもありがとう）

I appreciate your efforts on ...
　（～に対するあなたの努力に感謝しています）

You really helped me out. Thank you.
　（本当に助かりました。ありがとうございます）

What you did was a big help.
(あなたがしてくれたことは大きな助けになりました)

It was helpful when you ...
(〜をしてくれて役に立ちました)

It made things easier for me when you ...
(〜をしてくれて助かりました)

| もっと具体的に言いたい場合 | アメリカ人は具体的な説明を好みます |

I notice that you always make useful comments during meetings. Your ideas are helpful to all of us.
(会議中にいつもいい意見を出してくれていますね。あなたのアイデアは皆にとって役立っていますよ)

Thanks for working so hard on this project.
(このプロジェクトのために頑張ってくれてありがとう)

I can see that you've put a lot of energy into this.
(この仕事に多大なエネルギーを注いでくれていますね)

I can see that you've been staying late to help meet the deadline. I appreciate that.
(納期に間に合わせるために残業をしてくれていますね。どうもありがとう)

I like the way you solved that problem.
(あの問題を解決する方法はよかったですね)

You organized this report well.
(このレポートはよくまとまっていますね)

There is a lot of helpful information in this report.
(このレポートの情報は非常に豊富で役に立ちます)

I noticed that you are making fewer mistakes than before.
(以前と比べてミスが減りましたね)

It's helpful that the area around your machine is always neat.
(あなたの機械の周りはいつもきれいで助かります)

You're on the right track. Keep up the good work!
(いい調子ですね。頑張ってください!)

Chapter 1_ アメリカ人には気をつけろ！

我慢できないアメリカ人

職場改善の提案はいいが、そうしょっちゅうでは困ります

? 以下は、アメリカ人の部下を持つ、ある日本人の嘆きだ。
「アメリカ人部下はいつも職場を改善する方法を提案してくる。それはありがたいが、中には実現不可能であろう提案もある。予算がない、あるいは本社の承認を得られない、社の方針と合わないなどそれぞれに理由がある。しかし、一度"no"と言っても納得せず、何回も同じ問題提起をしてくるので、いらいらさせられる。職場のすべての不都合や不合理を改善することはできないと理解してもらいたいのだが」。

★ アメリカ人は「我慢＝ギブアップ」と考える

日本では我慢は美徳だが、アメリカでは好ましくない状況を我慢するのはあまりよくないと考えられている。アメリカの文化は不可能なものに対して挑戦し、進歩を追求する——つまり、アメリカ人の考え方では、我慢＝ギブアップなのである。ギブアップせずに頑張り続けろ、ということわざや表現も多い。例えば、

▶ Where there's a will there's a way. （意志あるところに道は開ける）

▶ God helps those who help themselves. （天は自ら助くるものを助く）

▶ If at first you don't succeed, try, try again. （最初の試みが成功しな

くとも、何回もトライし続けよ）

▶ Don't take "no" for an answer.（ノーという答えに納得するな）

など。たぶんこれは、われわれの祖先であるアメリカへの移民者が、厳しい状況下で、こう自らに言い聞かせていたのであろう。

　アメリカ人は基本的に皆、こうした考えが心の奥底にあるので、**重要な悩みや要求があったら、権力者が耳を傾けるまで何回でも提起するという習慣がある**（なおThe squeaky wheel gets the grease.［きしる車輪は油を差される］という表現もある。その意味は、「声を出さないと、自分が求めているものは来ない」ということである）。

　そうした行為に対して、アメリカ人を管理する日本人はうんざりしてしまい、次第に耳を傾けなくなる。しかしアメリカ人は、部下の悩みに対してresponsive（すぐに反応する）でない人は上司として評価しない。

　彼らの考え方では、マネージャーの役割の一つは、部下の問題を解決し、必要であればその解決策を得るために、他の部署と部下の代わりに交渉することだからだ。こうすることを、**fight on behalf of one's employees**（部下のために闘う）と言う。こうした期待を持つアメリカ人は、幹部や本社に対してのみ従順な上司にがっかりしてしまうのだ。

　だからといって、アメリカ人従業員の繰り言にいちいち耳を貸していては、日本人マネージャーは幹部や本社の方針とアメリカ人従業員の主張の間に板挟みになってしまう。こんな場合には、どんな対応をすればよいか。以下にいくつかの方法を提案する。

★「私はやりたいけど、会社が……」と説明しよう

　米国の企業においては、マネージャーは自らの決裁にかなりの自由があり、相当額の経費を動かせる。しかし日本の組織では、何か決断を下す時には、多くの人の同意が必要になる場合がほとんどだ。

　こういう日本企業の在り方を理解していないアメリカ人は、部下の提案に対してすぐ動かない上司のことを、自分に協力したくないのだ、と誤解しがちである。上司の権限が組織の中で制限されていることを知らないからだ。そういう場合には、下記のような文章を活用してほしい。

▶ I completely sympathize with you, and I think that your suggestions have merit. Unfortunately, however, **there's only so much I can do**.（あなたの意見にはまったく同感ですし、メリットがあると思います。しかし、残念ながら私ができることには限界があるのです）

▶ This isn't a situation where I am able to make the decision by myself — it's a matter of **convincing others** too. But that's easier said than done.（私一人で決断ができる状況ではなく、他の人も説得せねばなりません。言うは易く行うは難しなのです）

▶ It's important for you to realize how decisions are made in this company. **I don't have a lot of authority** to decide things on my own. I always need to get **approval from higher levels** in the organization.（この会社でどのように意思決定がなされるか理解していただきたい。私自身は物事を決定する権限はあまり持っていないのです。常に組織の上層部から承認を得る必要があるのです）

▶ If it were only up to me, things would be different. But they aren't. In this type of matter, it is necessary for **other layers of the organization to be involved**.（私一人で決められることであれば事情は違うのですが、そうではないのです。こういった案件の場合、組織の他の層がかかわる必要があるのです）

★ 説得術いろいろ

前記の説明に加え、以下のような行動もアメリカ人従業員を説得するのに役立つはずだ。

●理由を説明する

自分の力の限界を説明したあとに、なぜこの提案が承認されないか、なぜ皆の賛成を得られにくいか、どんな障壁があるかを論理的に説明する必要がある。詳しければ詳しいほどよい。きちんとした説明は、米国では相手に敬意を表す方法の一つである。

●従業員の意見・悩み・依頼を幹部に伝える・知らせる

これはマネージャーとしての最低限の責任である。提案事項を自分の机上にとどめておくのはよくない。上層部に伝えるが、それによってすぐすべてが解決すると過剰な期待を抱かせないために、以下のような言い回しは有効だ。

▶ I'll make sure that **your concerns are communicated to management**, and I'm going to recommend that this issue be addressed as soon as possible. However, realistically, it's going to take some time before any change can happen.（あなたの懸念については必ず幹部に伝え、できるだけ早期に対応するように勧めます。しかし、現実的には、何らかの改変が行われるまでには多少時間が必要です）

●問題解決の方法を従業員に一緒に考えてもらう

アメリカ人は問題解決をするのは上司の役割であると思っているので、問題提起だけをする場合が多い。そのため、彼らにも解決策を一緒に考えてもらうよう奨励した方がよい。例えば、以下のような表現は効果的である。

▶ As you may realize, the stumbling block here is getting the budget. **I'd like you to think** creatively about how we can address this problem without spending too much money.（お気づきかもしれませんが、ここで障壁になっているのは予算の調達です。お金をあまり使わずにこの問題をどう解決できるか、あなたにも知恵を絞っていただきたいのです）

★我慢が限界を超えてしまうと

以上のような表現で説得すれば、ある程度、アメリカ人は納得してくれるだろう。しかしむろん、我慢にも限界はある。流動的な米国の労働市場では、我慢することはそれほど意味がない。

日本の伝統的な職場では、今の状況が好ましくなくとも、時間がたつことによって、部署異動などで状況が改善することもあろう。また労働市場における自分の競争力に自信がないため、たとえ会社を辞めたくとも辞めない人が多いとも言える。そのため、日本の企業においては、不満を持ったり、我慢したりしている社員がいたとしても、アメリカほど多くの離職にはつながらない。

しかしアメリカ人は、流動性のある労働市場という前提条件があるので、有能な者にはいつでもたくさんの選択肢がある、と考えている。もし今の会社・職場に不満があって、会社がそれを改善しなければ、いつでも他社に移ることができると考えているのだ。転職

すれば自分の置かれている状況を改善することは可能なので、改善の遅い会社で我慢するのは論理的ではない。

したがって、米国では従業員の依頼・悩みにうまく対応しなかったら、アメリカ人従業員は辞めるほかないし、最も優秀な人が先に辞めてしまうだろう。彼らを定着させたかったら、彼らのニーズに対して敏感であるべきなのだ。「悪い状況に耐えてください」などという理屈をアメリカ人は納得しない——去ってしまうだけだ。

まとめ 04

☑ アメリカ人は、我慢＝ギブアップと考える。我慢は美徳ではない。

☑ アメリカ人は、重要な悩みや要求があったら、何度でも提起する習慣を持つ。

☑ 日本企業においては、上司の権限は限定的なものであることを、アメリカ人スタッフに理解してもらう。

☑ 「理由を説明する」「従業員の意見を幹部に知らせる」「問題解決の方法を一緒に考えてもらう」のも有益な方法。

☑ アメリカ人は、我慢が限界を超えると「転職」という手段を取る。定着させたかったら、彼らのニーズに敏感であるべし。

締め切りを守らない アメリカ人

「締め切り」と deadline は似て非なる言葉

? 「一緒に働いているアメリカ人は締め切りに非常にルーズだ」というクレームをよく耳にする。依頼時に締め切りについてはっきり言ったのに、締め切り当日、本人に連絡をとると、まだ頼んだ仕事が終わっていないことが多い。また、締め切りが迫っているのに、本人は残業もせず、午後5時にきちんと退社しており、それも腹が立つ、とのこと。アメリカ人に締め切りをきちんと守ってもらうには、どうすればいいのだろうか。

★「締め切り」という言葉のニュアンスは、日米で異なる

　日本語の「締め切り」という言葉と、英語（米語）のdeadlineという言葉は、そもそもニュアンスが違う。日本では、「締め切り」と言えば堅固で動かしようのないもので、その仕事は必ずその日までに終わっていなくてはならないはずだ。締め切りに万一間に合わなかったら、何か望ましくない結果が引き起こされる、と誰しも考えがちだ。

　しかしdeadlineには、「**固く守られるべき**」ものと「**あまり固く守らなくてもよい**」ものがある。特に後者の場合には、守ることが望ましいが、それに間に合わなかったからといって、特に悪い事態が起きるわけではない。日本式の「締め切り」なのか、あるいはアメリカ式の"deadline"なのかを明確にしないと、アメリカ人は後

者と受け取りがちだ。

　したがって、「固く守られるべき」締め切りの場合には、そのことを依頼時にはっきりと伝える必要がある。例えば、

▶ This is a deadline **that absolutely has to be met**. (これは絶対守らなければならない締め切りです)

▶ **It's essential that** we meet this deadline. (締め切りに間に合わせるのは不可欠です)

▶ This is a **firm** deadline that **can't be changed**. (これは変更の利かない、固く守られるべき締め切りです)

のように。

　また、アメリカ人を説得するためには、理由をきちんと述べることが重要なので、上記の文章にbecause ...と続けて理由を言えば、インパクトが非常に強くなる。

▶ ... because the customer needs our parts in order to start production of the product. (商品の生産を始めるために、顧客はわれわれの部品を必要としているから)

▶ ... because if we are late then the entire process will be delayed. (もしわれわれが遅れたら作業工程全体が遅れてしまうので)

というような表現がお勧めだ。このように、依頼するときに締め切りの重要性を強調すれば、相手がその仕事を時間通りに終了する可能性はかなり高くなる。

★ 相手の立場を考えて締め切りを設定する

　相手のアメリカ人従業員がどういう仕事をしているかよく把握していないからか、あるいは依頼する日本人自身が非常に多忙なスケジュールで働いていて、それが当然だと思っているせいか、いきなり無理な締め切りで依頼してしまうということもある。これは、自分の依頼した仕事以外には、その従業員は何も重要な仕事をしていないだろうという考えの表れのように見えるため、人によってはそれを侮辱と感じるかもしれない。

　こうした、不用意な衝突を招かないよう、何かを依頼する時には、他にも重要な仕事があることを認めたうえで、なおかつ自分の依頼をちゃんと締め切りまでに終えてほしいと確認する。例えば、

▶ I realize that **you have many responsibilities**. Since this is very important, I really appreciate your finding time for it. **Can you give me your assurance that** you will be able to get it done on time? （あなたがたくさん仕事を抱えていることは知っていますよ。[が、]これ［＝私が依頼する仕事］はとても重要な案件なので、時間を割いていただけることに本当に感謝しています。締め切りに間に合わせることを確約していただけますか）

このように言えば丁寧だし、相手の約束も得られる。

★ 相手の上司を通して頼む

　日本人は普通、担当者に直接仕事を依頼しがちだ。米国の場合は上司が従業員の仕事の優先順位を決めるため、上司ではない人から来る依頼を軽んじる場合もある。またchain of command（指示経

路）が重要なので、上司を通さないと正当性に欠ける依頼だと受け取られるかもしれない。したがって、**依頼が重要であればあるほど、担当者の上司にまず頼むか、あるいは自分が担当者に依頼するつもりだということを、担当者の上司に先に知らせておくのがよいだろう。**

★ 締め切りの確認をする

「子供じゃないんだから、一回依頼すれば、何度も確認する必要はないんじゃないの？」という疑問を持つ日本人は少なくないだろう。しかし、**米国では、フォローアップをしないということは、それほど重要な締め切りではない、と思われる危険性が高い。**職場がますます忙しくなり、competing priorities（どちらを優先すべきか判断しにくい状況）の中で、自分の依頼が見過ごされないように気をつける必要がある。

しかし、その再確認がしつこすぎたり、強すぎたりすると、反発を招く場合もある。そのため、例えば、

▶ **Are we still on track** to meet the deadline for ... ?（……の締め切りに間に合うよう順調に進んでいますか）

▶ **What's the status of your work** on the XYZ project?（XYZプロジェクトの進み具合はどんな状況ですか）

このくらいで十分だ。また「あなたが締め切りに間に合わないだろうと思って確認している」というような相手を責める声のトーンにならないようにすることも大切だ。また、相手とたまに言葉をかけあうような間柄を保っていれば、こうした再確認も、軽い感じで、さ

★ それでも締め切りに間に合わなかった時に──自分の苦境をアメリカ人相手に説明する

上記のステップを踏んでも、相手が締め切りを守らなかったとしたら、あなたはどう対応すればいいのだろうか？　日本人の多くはたぶん、相手に対する失望や今後の仕事の遅滞についてははっきりと伝えないで、心の中にいらだちを抱くだけだ。

しかし、ここで相手に自分の感情を伝えなかったら、今後も同じ相手に同じ問題を起こされるかもしれない。「締め切りに間に合わなかったが、彼は何も言わなかった。実際はそんなに大切な締め切りではなかったのだろう」と思われる可能性があるからだ。

前にも触れたが、米国の文化では言葉の形で伝えられたものがもっとも印象に残る。**締め切りを守らなかった結果として自分（あるいは顧客）が被った迷惑を、言葉で相手に伝えるべきである。**そうすれば、なぜこんなに締め切りが大切なのかを相手に理解してもらい、反省させることができる。

▶ **I was really disappointed that** you didn't meet the deadline on this project. I had been counting on you. Because we were late, the customer is very upset, and we may lose the account. （このプロジェクトの締め切りを守ってもらえなくてとても失望しました。信頼していたのに。遅れたことで、顧客はひどく立腹しているので、当社との取引が取りやめになる可能性もあります）

このように、きちんと状況を説明するのがよい。

また、同じ相手が何回も締め切りを守らないということであれば、それは本人の仕事のやり方に問題があると言えるので、その従業員の上司に相談した方がよい。例えば、

▶ As you may be aware, Steve **has missed several deadlines** I have given him. As Steve's boss, I think you should know about it. **Can you give me any suggestions** about how we can improve this situation? (ご存じかもしれませんが、スティーブは私が与えた締め切りを何度も破っています。あなたは彼の上司なので、このことはお知らせしておいたほうがよいと思いまして。この状況を改善するために何かよい考えはありませんか)

このように伝えることもできる。こういった一言をきっかけに、よい解決策が出てくることもあるだろう。

まとめ 05

- ☑ 英語（米語）のdeadlineには「固く守られるべき」ものと「あまり固く守らなくてもよい」ものがある。日本語の「締め切り」とのニュアンスの違いに注意！
- ☑ 相手の立場に配慮した締め切りの設定を。
- ☑ 重要な依頼であればあるほど、担当者の上司を通じて依頼するとよい。
- ☑ 締め切りの再確認はマスト。
- ☑ それでも締め切りを守ってもらえなかった場合、自分の苦境をきちんと伝えること。

Chapter 1_ アメリカ人には気をつけろ!

組織の序列を無視するアメリカ人

直属の上司を「頭越し」して訴えてくる従業員をどうするか

? 自分の部下の部下に当たるアメリカ人が、あなたに問題を持ち込んできた。彼によれば、直属の上司とは相談してみたが意見が食い違い、問題は解決されていないとのこと。それで、その上司の「頭越し (going over one's head)」に訴えてきたのだ。一般的にアメリカ人は、直属の上司を頭越しして訴えることを、日本人よりは多く行う。このような場合、あなたはどう対処したらよいか。また、なぜ彼らはこのような行動をとるのだろうか。

★ 地位のある人は問題を解決する責任がある

アメリカ人には、上の立場にある人ほど、その立場を利用して、部下の問題点を正す努力をすべきだという考えがある。そのため、自分の上司よりさらに上の上司に訴えれば、必ず問題解決につながると信じている。

日本の場合はどうだろうか。私が日本の会社で働いていた時に、他の課にもう一人アメリカ人女性がいた。彼女は上司とうまくいかず、課の業務から外された。上司との関係を改善しようとさまざまな方法を試みたが、無視されるか衝突に終わるかのどちらかだった。

彼女は我慢の限界に達し、「とても困っているので、最高責任者である国際担当副社長に話すしかないと思います。日本語があまりう

047

まくないので、通訳として一緒に来てもらえませんか」と私に相談してきた。副社長は理解のある人のようなので、きっとよい助言をしてくれるだろうと、私たちは期待して会いに行った。

　副社長はわれわれの説明を親身になって聞いてくれたが、最終的な答えは「その問題は課の中で解決する必要がある。頑張ってください」というそっけないものだった。彼女のクレームに対して、何も行動をとろうとしないのは明らかだったし、その上、後にこの話が彼女の上司の耳に入ったことで、上司の態度はさらに悪化し、結局、彼女は会社を辞めてしまった。

　日本的に考えると、副社長がもしこの課のことに介入しようとすれば、彼女と上司の間の関係がさらに悪くなる可能性が高い。そのため副社長は、彼女が持ち込んだ問題は、上の者がかかわる種類のものではないと判断したようだ。しかし、「持っている力を利用する」「地位のある人は問題を解決する責任がある」という考え方を持つアメリカ人には、日本の組織の中では驚くべきことではないと思われる副社長の反応は、納得できないものであった。

★ 部下の相談にどう答えればよいか

　アメリカ人部下が上司を頭越しして相談を持ちかけてきたら、消極的な態度は決してとるべきでない。「自分で解決してください」という態度は禁物で、問題に応じて具体的な解決案を出すことが大切だ。

　トルーマン元大統領は、机の上にThe buck stops here.というプレートを飾っていた。pass the buckは「責任を他に転嫁する」という意味だが、The buck stops here.と主張することで、彼は「引き受ける、任せておけ」という責任感のあるイメージを打ち出し

たわけだ。アメリカ人はすべての幹部にThe buck stops here.の姿勢を持つことを望んでいる。つまり、社員が上司を頭越ししてくる時は、あなたのところでthe buckがきちんとstopするよう望んでいるのだ。

では、アメリカ人が満足する対処の仕方とはどういうものだろう。

●問題についてその社員の上司と相談する

問題を提起した社員と直属の上司と幹部の三人、もしくは幹部と直属の上司の二人で話し合いの機会を持つ。問題解決を前提に、幹部は直属の上司に何らかの指示を与える。

●専門家に相談する

問題に関して、その分野の専門知識を持つ人に相談する。例えば、差別やセクシュアル・ハラスメントに関する苦情の場合は、社内の人事担当者や弁護士に相談する。

●問題の原因と対策を調査する

人間関係ではなく、ビジネスそのものに関する問題の場合、社員の指摘そのものが解決の糸口になることもある。調査を誰かに依頼したり、委員会を結成したりするのもいいだろう。しかし、結論は必ず出さなければならない。

●依頼を断る

持ち込まれた依頼が不適切、あるいは会社の戦略・方針と矛盾していれば、もちろんイエスと言うべきではない。この場合は、理由を説明してはっきりと断ること。

★ アメリカ人が頭越しして訴えてくる理由

　日本では、部下が上司を頭越しして、さらに上の人に訴えることはまれである。人間関係を保つためには避けるべき行為と見られるからだ。実は、米国でもchain of command（指示経路）は大切にするので、こういった行動はそんなに頻繁ではないし、気軽にするものでもない。日本であれ米国であれ、こういった頭越しのやり方は一般的にはお勧めできない。

　しかし、もしこういう事態がアメリカ人との間で起こるとすれば、本人がよっぽど問題に思っていて、悩んでいる証拠だと言える。

　一方で、アメリカ人は効率のよさを重視する傾向を持つ。比較的気が短く、目標をすばやく達成したがり、そのための近道を探す。そういった傾向から、直接トップに打診するほうが手っ取り早いと思う場合もある。直属の上司が障壁になっている場合、仕事を進めたり、問題を解決したりするためには、さらに決定権のある者にアピールするのは必要だと考えるわけだ。

　またアメリカ人は、相手が地位や権力を持つ人であっても自動的には信頼せず、その人の性格や言動を見て自分で判断することが多い。したがって、尊敬できない無能な上司は無視し、それより上の尊敬に値する上司に直接伝えることを選ぶわけだ。部下があなたのところへ直接来るというのは、あなたが信頼されている証拠でもあるので、その信頼を裏切らないことも大切である。

まとめ 06

- ☑ 「上の立場にある人であればあるほど、問題を解決する努力をすべきだ」とアメリカ人は考える。だからこそ、上司の頭越しに相談を持ちかける場合がままある。

- ☑ アメリカ人が上司の頭越しに相談を持ちかけてきたら、場合に応じて具体的な解決案を示すことが大事。

- ☑ 「問題を提起した社員の上司と相談」「専門家に相談」「問題の原因と対策を調査」などが効果的。時に「理由を説明して、依頼を断る」こともアリ。

批判に弱いアメリカ人

怒るにも技術が必要

? ある課で問題が起きた。会議の場で、部長である日本人マネージャーはその課のアメリカ人マネージャーへ、There's a problem with the work this section is doing. How did this happen, and how are you going to solve it?（この課の業務内容には問題があります。なぜこうなってしまったのですか、どう解決するつもりですか）と厳しい口調で尋ねた。両者が問題について話し合ったあと、アメリカ人マネージャーはI'm uncomfortable being criticized in front of my subordinates. Please don't do that again.（部下の前で批判を受けるのは不愉快です。今後はそういうことをなさらないようお願いします）と文句を言った。日本人マネージャーが当たり前だと思ってした問題指摘が、なぜ彼を怒らせてしまったのだろうか。

★ 誰も人前で叱られることは望まない

日系企業で働くアメリカ人が頻繁に口にすることのひとつに、日本人マネージャーが、人前で自分を批判したり（criticize）、叱ったり（scold）するのが嫌だ、というものがある。アメリカ人は一対一ではよくても、公然と注意や叱責を受けることを非常にいやがる傾向がある。しかし日本人の場合、否定的な情報は人前で伝えたがる。この違いはどこから生まれるのだろう。ここに、日本人の考え

方をもとにしながら、いくつか考えられる原因を挙げてみる。

● 「個人に対する攻撃」のつもりではない

　日本人は仕事上の問題を指摘する際、個人の人格とは関係なく、単に仕事上の問題と考える場合がある。しかしアメリカ人の場合、仕事の欠点の指摘は、その人自身の能力に対する中傷と受け取ることがまれでない。アメリカ人は「プロ意識」が強く、自尊心を仕事に持ち込む傾向があるからだ。

● 周りにも教えるために言う

　日本人は、人前で問題を指摘することにより、当人だけでなく周りの人も教育できると考えるが、アメリカ人は「公然と恥をかかされた」(public humiliation) と解釈しがちだ。

● 有望な人に厳しく

　日本では、才能のある人を育成するため、上司はその人の仕事をより厳しく評価し、積極的に改善個所を指摘する。米国では逆で、仕事がよくでき能力のある人は激励し、その人の仕事を積極的にほめる。

● 終身雇用の影響

　終身雇用制は日本でも今や崩壊しつつあるが、しかし、そのような「雰囲気」を保っている会社には、家庭的な環境が存在する。親が子を叱っても親子関係に支障をきたさないのと同じで、上司が叱っても部下はくびになるかもしれないと心配したりはしない。しかし、解雇のニュースが後を絶たない米国では、長期失業を経験したことのある人も少なくないので、上司に仕事を評価されないと即解雇につながるのではないかと恐れるのだ。

● カルチャーショックが引き金に

　米国に赴任し、カルチャーショックを経験する日本人は多い。毎

日英語を使わねばならず、考え方の異なる外国人を管理しなければならない日本人マネージャーにはストレスがたまる。このストレスが、部下を怒鳴る形で爆発してしまう可能性もある。

●自分の力を見せつける

日本流のビジネスにおいては、人前で部下を怒鳴る行為を、自己の力を誇示する（display of one's power）道具として使うことがままあるようだ。あるアメリカ人マネージャーが入社直後、特別プロジェクトを依頼されてレポートを提出したところ、日本人社長がそのレポートにさんざんけちをつけた。これも、新任のマネージャーに、誰が権力を持っているかを見せつけるひとつの手だったとも考えられよう。

★アメリカ人にうまく注意や批判を伝える方法

前述のように、アメリカ人は批判されることに非常に敏感である。しかし、問題があれば、それはもちろん伝えるべきだ。アメリカ人の自尊心を尊重しながら、うまく注意や批判を伝える方法を以下に述べる。

●タイミングを選ぶ

相手が話を聞く余裕のある時を選び、十分な時間をとる。

●批判する前に前置きをする

あからさまに批判する前に、相手の心の準備のためにも一言前置きを添える。

▶ **I'd like to give you some feedback** on your work. Is now a good time?（仕事に関するフィードバックを少ししたいのですが、今いいですか）

◉プライバシーを守る

人前で言わず、個室で一対一で話す。批判される側の自尊心が守られ、より自由な話し合いができる。

◉会議を有意義に使う

米国の会議は、ディベートやディスカッションが主流で、その中でなら意見の違いなど否定的なコメントも自由に発言することができる。ただし、そういった場面でも「言い方」には十分気をつける必要があり、攻撃的なトーンは避ける。

◉強い言葉を避ける

stupid、terrible、bad、no good（NG）などの強い言葉は大きなダメージを与えるので、代わりに

▶ That was **not as good as** it could have been.（それはもっとうまくいくはずでした）

▶ **More thought should have been put into that.**（もっと慎重に考えるべきでした）

▶ Mistakes like that **should be avoidable**.（そのような間違いは避けられるはずです）

▶ **That isn't the kind of thing we want to** have happen here.（こういったことは当社で起こってほしくないですね）

といった表現が好まれる。

◉怒鳴ったり、声を荒げたりしない

怒る理由が十分にあっても、感情的にならない。自分のイメージを悪くするだけだ。冷静さを保つのがポイント。

●「仕事の問題」と「個人の問題」を区別する

▶ What I want to do here is to focus on the task itself, **not on you personally**.（ここで重要なのは仕事の中身だけで、あなた個人のことではありません）

というように、個人を批判しているのでなく、仕事のみについて話しているということをはっきり伝えるとよい。

他の注意事項としては、**問題提起の際にyouという単語を使わないことが挙げられる**。You seem to have a problem.（あなたには問題があるようです）ではなく、**There seems to be** a problem here.（ここには問題があるようです）といった具合に。よりよいのはweを使うことで、There seems to be a problem here. **What can we do** to fix it?（ここには問題があるようです。私たちはどうしたら解決できるでしょうか）のような言い方をすれば、「一緒に解決しよう」といった意味合いが込められ、上司のサポートする意志も示すことができる。

まとめ 07

- ☑ アメリカ人は、人前で注意や叱責を受けることを非常に嫌がる。
- ☑ 批判に敏感なアメリカ人に対しては、自尊心を尊重しながら、注意や批判を伝えることが大事。
- ☑ 伝え方のコツは以下の通り。①タイミングを選ぶ、②批判する前に前置きする、③プライバシーを守る、④会議を有意義に使う、⑤強い言葉を避ける、⑥怒鳴ったり、声を荒げたりしない、⑦「仕事の問題」と「個人の問題」を区別する。
- ☑ 問題提起の際にはyouを使わない。

Chapter 1_アメリカ人には気をつけろ！

おしゃべりなアメリカ人

……から身を守る方法、教えます！

? 日本人駐在員からの悩み。「一緒に働いているアメリカ人はとにかくおしゃべりで、全部聞いて理解するのが難しい。言葉のなだれに圧倒されているように感じることが多い。『話す前によく考えてください』と言いたいのだが、たぶん気分を害するだろうと思って何も言っていない。会話が苦痛だ」——このようなフラストレーションは、日米のコミュニケーション方法の相違から来るものだ。まずはその原因を探ろう。

★ アメリカ人の話術を知るための三つのキーフレーズ

アメリカ人は下記のようなスタイルで話す、とおおむね考えておいてよいだろう。この三つをまず押さえておこう。

(1) talk off the top of one's head（準備なしに話す）

アメリカ人と日本人のコミュニケーション・スタイルの違いの一つは、話す前にどれだけ考えるか、ということだろう。日本人の場合、特に会議などの場では、何かを口に出す前にしっかり考え、整理したりまとめたりするのが普通である。

一方、アメリカ人は何も考えずに口を開いている——とは言いたくないが、日本人と比べて talk off the top of one's head（即席で話す、準備なしに話す）ことが多い。思っていることをそのまま口

にするのはアメリカ人の習慣なのだ。そうすることでアメリカ人は、率直な気持ちを伝えているという雰囲気を醸し出せると考えている。

　日本人のようにじっくり考えてから話すと、アメリカ人には何かを隠しているかのように見える場合もある。思うに、日本人は発言する前に、他の人はどう思っているか、発言することで自分の立場が危うくなることはないか、などと考える人が多いのではないか。

　それにひきかえ、米国では皆、自分自身の意見を持っており、それを他の人に伝えるのは当たり前なので、自分の意見が他の人の意見と同じかどうかなどと話す前に考える習慣はない。各人が自分の意見を述べてからコンセンサスをとるからだ。

(2) thinking out loud（考えながら話す）

　日本語になりにくい米語表現のひとつにthinking out loudというものがある。「考えながら話す」、あるいは「話しながら考える」という意味である。この表現の裏には、自分の思いを口にすることによって、それをより強く意識し、磨くことができるという考え方がある。

　この習慣を知らない日本人が、アメリカ人のthinking out loudを経験すると、当惑するかもしれない。日本人の在米駐在員からこんな体験談を聞いたことがある。

　アメリカ人の同僚と話している最中に、相手がI'm just thinking out loud, but ...と前置きして、長くて非常に聞き取りにくい話を始めた。聞き漏らさないようにするため、日本人の方がかなり努力する必要があったが、アメリカ人の同僚は長口上の最後に一言、Ah, I guess it wasn't such a good idea after all.（ああ、やはりいいアイデアじゃなかったですね）。

つまり、アメリカ人の方は日本人に向かって話していたわけではなく、独白（soliloquy）の形で自分の考えを口に出して、まとめていただけだったのだ。これは極端な例だが、こういったことは確かにありうる。

(3) toss ideas around（アイデアを交換しあう）

また、情報とアイデアの扱い方にも違いがある。**米国の文化では、「アイデア」は鍛えられるべきものであって、粘土やパン生地と同じように、打ち延ばしたりこねたりすることによってよくなると考えられている。**ここから生まれた表現にtoss ideas around（アイデアを投げ合う＝軽く論じる）、bounce something off of someone（反応を期待して、人に考えをぶつける）、hash things out（問題を細かく切り刻む＝徹底的に議論する）などがある。

一方、日本の文化では、アイデアというのは入念に包まれているプレゼントのようなものである。差し出される時に既に完成されているので、それ以上手をつける必要がない。丁寧に包まれたプレゼントを押したりつついたりするのは、失礼にあたる。

★ なぜそんなにしゃべるのか

アメリカでは「上手に話す」ことが重んじられるため、子供のころからコミュニケーションの技術を向上させる機会に恵まれている。教室でも家庭でも、自分が考えていることをちゃんと伝える方法が教えられており、長年の練習によって、自己表現力が磨かれる。

また、コミュニケーションは多ければ多いほどいいとも考えている。上手に話す＝たくさん話す、ということなのだ。日本にある「一を言えば十わかる」といった考え方はなく、十を伝えたかったら十のすべてをちゃんと言葉にしなければならないし、念のために十一

か十二を言った方がいいと考える人も多い。

また、しゃべっている内容がノンネイティブには全然わからない、という場合もよくある。ネイティブ同士だったらわかりあえても、そうでない人には難しいというのは、驚くべきことではない。

残念ながら、米国では外国語教育にはあまり力が入れられておらず、ほとんどのアメリカ人が外国語を使ってビジネスをする経験を持たない。だから、**英語を母国語にしない人にとって英語でビジネスをすることがどれほど難しいか想像できないのだ。**もし自分でそういった経験をしていれば、ノンネイティブに対してもっとわかりやすく話すはずだ。また、日本人は特に英語の文法能力が非常に高く、難しい単語もよく知っているので、ネイティブと同じスピードで話してもわかるはず、と思い込んでいるアメリカ人も少なくない。

★おしゃべりなアメリカ人へのうまい対処法

以上のような理由があるので、おしゃべりなアメリカ人に困ったら、あなたの方から、「話し方にもっと気をつけてほしい」ということを何らかの形で伝える必要がある。

しかし、「話す前にちゃんと考えてください」と言ってしまうと、アメリカ人は侮辱されたと感じるだろう。これはまるで親が子供にするような指摘だからだ。また、Get to the point!（だらだら話さないで要点を言ってください！）も直接的すぎて勧められない。

代わりに以下のような表現はどうだろう。**英語を母国語にしない人なら別段恥ずかしくもなんともないので、堂々と主張すればよい。**また、いつも「なぜか」という理由を知りたがるアメリカ人にアピールするため、理由も述べれば完璧だ。

▶ Please be **as succinct and clear as possible**, because it's **hard for me to follow** long explanations.（長い説明を聞き取るのは大変なので、できるだけ簡潔にはっきり話してください）

▶ It is **difficult for me to understand** long explanations, so please **boil down** what you want to say to its essentials.（長い説明を理解するのは困難なので、あなたの言いたいことを要点だけに絞ってくださいますか［boil down は文字通りには、スープやソースが煮詰まって水分が蒸発し、液が濃くなることを指す。「不要な要素を取り除く」という意味］）

▶ When you talk with me, I would appreciate your being **as organized as possible** in how you say things. That will help me to **understand you better**.（できるだけ整理して話していただけると助かります。そうすれば、あなたのおっしゃることをよりよく理解できますので）

▶ Could you please **summarize what you just said**? **I'm having trouble grasping** the main point.（今おっしゃったことを要約していただけませんか。要点をつかみかねていますので）

★ 書いてくれるよう頼む

　もう一つ、彼らに伝えたいことを前もってメモ書きしてもらうという方法もある。この利点は二つ——まず、彼らは書くことによって自分が考えていることを整理できる。また、一般的に、日本人は書いてあるものの方がよりよく理解できる。

▶ When you want to discuss something complex with me, please prepare ahead of time **a written summary of what you want to say**. It doesn't have to be anything fancy, just a list of a few points on a single page. That will help me to understand you more easily. （複雑な案件を相談する時は、あなたの主張の要点を書いたものを前もってご用意ください。長々とした書面でなく、ポイントを1枚の紙にリストアップしていただければ十分です。あなたのおっしゃりたいことをもっと容易に理解する助けとなりますから）。

　ここで大切なのは、「簡単でいい」と伝えることだ。そうしないと、アメリカ人はあなたが立派なリポートを必要としていると解釈してしまうからだ。

まとめ 08

☑ アメリカ人の話術は①「準備なしに話す」、②考えながら話す、③アイデアを交換しあう。

☑ アメリカ人は、「上手に話すこと」と「たくさん話すこと」はイコールと考える。

☑ ほとんどのアメリカ人は、母国語ではない言葉でビジネスをすることがどれほど難しいか、想像できない。

☑ 英語が母国語ではない「私」のために、話し方に気を配ってほしいと伝える。相手に、あらかじめ要点を簡単なメモにまとめてもらうのもお勧め。

Chapter 1_ アメリカ人には気をつけろ！

Column 2

押さえておきたい
「アメリカ人へのメールの作法」

　アメリカと日本では、メールの作法が違うと感じることがある。日本人のビジネスパーソンから、こんな悩みを聞いた。「アメリカの会社から来たメールに対して、上司の指示を待って返事を保留したところ、先方が非常に怒ってしまった」「アメリカの取引先の担当者に送った急ぎのメールに返事がなかったので、相手の上司にCCして再送したら担当者が激怒。なぜ？」など。ここでは、アメリカ人とのメールのやり取りに関して、押さえておきたいポイントをお伝えする。

日本人はメールの返事が遅い!?

　日本でもアメリカでも、一般的に、メールは受信後、あまり時間を置かずに返事をすることが望ましい、と言われている。返信が遅れると、メールが届いていないのではないかと、相手を心配させてしまうし、重要な決定の遅れにつながりかねない。しかし、実際に、日本とアメリカの両方で仕事をしてみると、日本人はこのマナーには無頓着だと感じられてしまうことが多い。

　日本人と一緒にビジネスをするアメリカ人に共通する悩みの一つは、**日本人にメールを送っても、なかなか返事が来ない**ことだ。何を投げ込んでも吸い込まれる「ブラックホール」のようだ、という意見もあるぐらいだ。

　日本人が、アメリカ人にすぐに返事をしない（あるいはできない）理由はいろいろあるだろう。

⦿肯定的な返事ができないので、躊躇（ちゅうちょ）する

　日本人同士であれば、返事が来ない、あるいは遅いと、答えは「ノー」だと推測できる場合もあるだろう。しかし、**アメリカ人は明確な返事を望むので、否定的な内容の返事であっても、便りがないよりはよい**。丁寧に、しっかり「ノー」を伝える必要がある。

⦿上司の指示が得られないので、すぐに返事ができない

実は、これはアメリカ人にとっては想像し難い状況である。アメリカの会社では、各自が自分の責任の及ぶ範囲を認識しており、その範囲内のことは自分で判断する権限を与えられている。そのため、よほど特殊な事情がない限り、そこまで時間がかかるはずはない、とアメリカ人は考える。

なかなか返事が出せない場合は、まず「メールが届いた」ということを伝えること。

Thank you for your email. I will discuss this with my supervisor and get back to you as soon as I can.

（メールをありがとうございます。この件は、上司と相談して、できるだけ早く返事をします）

などと伝えれば、相手はメールが届いたかどうか、やきもきしなくて済むし、あなたが返事をしようと準備している、ということも理解してもらえるだろう。

相手の上司にCCする前に……

また、アメリカの会社では、先に述べた通り、各自が自分の責任の及ぶ範囲を認識しながら働いている。仕事は個人単位で行うものであり、自分の業務についてだけ責任を負う。そのため、同じチーム内でも、隣の席の社員が何をやっているかよく知らない、といったケースもあるし、上司も部下の業務内容について、詳しいところまでは把握していない、という場合もある。日本の会社が部や課、チームなどを単位として、複数人で仕事を行うのと、対照的である。

この**仕事の進め方の違いが、メールの作法にも表れる**。日本では、あるプロジェクトに関するメールを、チーム全員にCCで送ることがよくある。全員がプロジェクトの内容について知っておく必要があるからだ（同じ理由で、日本の会議は出席者が非常に多い）。また、メールを送信する際に、自分の上司にCCをつけることもまれではない。個人単位で仕事をするアメリカ人から見ると、このようなメールの作法は奇妙に映る。

アメリカでは、メールは担当者だけに送るのが基本だ。もしも、自分の上司をCCに入れて取引相手にメールを送ったりすれば、その上司は、「なぜ仕

事の詳細を、私にまで送ってくる？　私の時間を無駄するな」と思うはずだ。

そして、仮に「アメリカの取引先の担当者に送った急ぎのメールに返事がなかったので、相手の上司にCCして再送」したりすれば、アメリカの取引先の担当者は、「あなたの部下はきちんと仕事をしていないので、上司からひと言注意を与えてください」ということを意図して、上司にCCされたものだと考える。これは、アメリカではtattletale（告げ口屋）と呼ばれ、きらわれる行為だ。

では、このような場合、どうすればいいのか。私がお勧めする方法は以下の通り。まず、もう一度、担当者にだけメールを送る。その際、「この件は急ぎで、いつまでに返答が欲しい」ということをはっきり相手に伝える。相手に電話してみるのもいい。もし電話に出なければ、休みか、緊急事態が起こっていることが考えられるので、その部署の秘書や、相手の同僚に電話して、確認を取る。それでもなお連絡がつかないようであれば、最後の手段として、相手の上司に連絡を取ってみよう。

秘密主義のアメリカ人

情報共有の自然発生を待っていてはダメです！

日本では、複数の従業員が情報や技術を共有するのが普通だ。しかし、アメリカ人は自分が持っている情報を他の人に伝えない傾向がある。結果として、情報の流れが滞り、従業員教育がうまく行われないということが発生する。なぜ、アメリカ人は情報を他の人と分かち合わないのだろうか。またどのようにすれば、情報伝達がもっとうまくいくようになるのだろうか。

★ 自分の仕事は自分のもの、と思っているアメリカ人

日本の会社では、マネージャー会議で発表された内容を、マネージャーが部署に戻って皆に伝えるという情報伝達が一般的だ。これは実は米国にはない習慣なので、このような方法をとろうとすると、情報はうまく伝わらないはずだ。

また、米国には朝礼の習慣がないし、仕事中は自分のやるべきことに集中して、あまり周りと話さないことが多い。各人が自分の仕事領域をカバーして、一人で動くのが普通なのだ。

したがって、**自分の職務は自分の領域だという意識が強く、自分の職務のために必要な情報は自分一人だけが知っていればいいだろうと思っているアメリカ人はたくさんいる**。チームワークが必要な働き方は、アメリカ人にとって実行することは不可能ではないが、日

本のように自然には行えない。もしアメリカ人にやってほしいのなら、そう依頼する必要がある。

情報を周知徹底させたい時には、このように言うとよい。

▶ **Please let everyone** in your section **know** about this.（あなたの課の皆にこのことを知らせてください）

▶ **I would like you to tell** this information to all the others in your group.（あなたのグループの他の皆にこの情報を話してほしいのですが）

また、このような文章の後に、なぜそうしてほしいかという説明をつければ、より効果的である（アメリカ人を動かすのに、理由の説明は万能の「魔法の杖」だ）。例えば、

▶ It's important that everyone know about it because ...（it affects quality/ it has to do with safety/ etc.）（なぜ皆がそれを知ることが重要なのかというと、〜［品質に影響するので／安全のため／など］）

といった、具体的な理由を述べるとよいだろう。

また、米国の会社では、チームごとではなく、全従業員に直接コミュニケートする手段も使っている。例えば、emailを積極的に活用する会社も多いし、机とコンピューターを持っていない製造現場で働く従業員のために、現場にtouch screen kiosk（タッチパネル操作によるネットワーク端末）を置く会社もたくさんある。むろん、そんなハイテクな方法でなくとも、紙のメモや掲示板も十分に有効的な方法だ。

全従業員に何かを伝えたかったら、前述のような手段で直接、各

人に伝える必要があることに留意しておこう。

★ 人に技術を伝達していくためのヒント

　チーム内での情報共有を考える上で、もう一つ考慮すべきなのは、アメリカ人マネージャーが部下を育成するスキルを持っているかどうかということだ。**他人をうまく育成する能力は、皆が皆、自然に身につけているわけではない。**マネージャーがよい「指導者」になるためには、人を育てるためのトレーニングを受けるのが望ましいだろう。

　また、ある従業員が持っている技術を他の従業員に伝えてほしい場合、自然に伝達が起きるのを待っていてはいけない。**スキルを持っている従業員が持っていない従業員に伝える制度を作ることが必要なのである。**「制度」と言うと、複雑で大げさなシステムを想像するかもしれないが、そうではない。

　例えば、私が大学卒業後に就職したシカゴのコンサルティング会社には、各従業員が得意なスキルについて講師となってセミナーを行い、他の従業員がそれに参加するという社内教育制度があり、大きな効果を上げていた。

　私の場合はコンピューター・ソフトのLotusの操作が得意だったので、その使い方を他の従業員に教える半日セミナーを行った。社外から講師を招くようなセミナーと違い、その会社の業務の中でどう効果的にLotusを使うかに重点を置いたので、参加者はすぐ仕事に応用できるようになったと思う。

　これは私にとってもよい経験だった。セミナーを立案したり、皆の前でプレゼンテーションしたりすることは、普通の業務とはまた

違ったやりがいがあるからだ（現在私が、顧客企業を相手にトレーニングセミナー講師をやっているのも、元はと言えば、それがきっかけだったのかもしれない）。

社外に適当なセミナーがない場合、あるいは予算が限られている場合には、この方法は非常に効果的だろう。社内のあらゆる技術のマスターを目指し、全社員がそれぞれ同僚のために教育プログラムを作れば、お互いに教え合うという雰囲気づくりもできる。また、ある従業員を講師として選ぶということは、その人のスキルを認めることにもなるので、その従業員は選ばれたことを誇りに思い、期待に応えようとするはずだ。

★日本出張の経費を無駄にしないための、研修結果の共有方法

アメリカ人従業員は日本に長期出張しても、その研修成果を職場で周りの人に話したりはしない。しかしそれでは、研修を受けた社員だけがその情報を占有することになる。また、もし本人が辞めたら、会社からその情報は消え去り、研修費用は無駄になってしまう。この繰り返しで苦労している在米日系企業は少なくない。こうした事態を避けるため、日本に研修に行く社員には以下の三つを義務付ければよいだろう。

(1) 日本から帰国後、ある決まった期間内に（例えば3週間〜1カ月）、他の従業員のためのトレーニングセミナーを開催する。

(2) 日本で得た情報をマニュアルの形にまとめて、皆に配る。できれば、トレーニングセミナー時に配った方が望ましい。

(3) 研修の最中、前述の（1）と（2）の準備のためにしっかり記録

をとる。日本人には研修でメモをとることは常識のように聞こえるが、アメリカでは必ずしもそうではないので（特にその情報が自分だけのものと考える場合）、義務付けるのがよいだろう。

もちろん、こういったことを依頼するのであれば、研修から戻った直後はフルタイムで勤務させず、マニュアルを準備する時間を就業時間内に与える必要がある（時間外の業務として課すと、負担に感じるのでよいものが作れるはずはないし、研修を疎んじる社員すら出てくるだろう）。これもまた、会社にとっては別の意味での投資だが、日本に出張させるためにすでに投資しているわけなので、これを生かすためには必要と思われる。

まとめ 09

- ☑ アメリカ人は一般的に、自分の職務に必要な情報は、自分一人が知っていればいいと思っている。
- ☑ アメリカ人は、情報共有することに慣れていない。情報共有してほしいなら、理由を述べたうえで依頼する必要がある。あるいは、全従業員に直接伝える方法をとること。
- ☑ スキルの伝達には、スキルを持つ従業員が講師となって、皆に教える方法が有効的。

Chapter 1_ アメリカ人には気をつけろ!

「ノー・プロブレム」と言う アメリカ人

本当に問題ない、と思ったら大間違い!

? アメリカ人従業員に仕事の進捗状況を聞くと、頻繁に "No problem."(問題ない)という答えが返ってくる。「この返事を信じて、後で大きな問題が判明することがしょっちゅう」と感じている日本人マネージャーは少なくない。なぜアメリカ人は「ノー・プロブレム」を頻繁に使うのだろうか。問題があることをきちんと報告してもらうためにはどうすればいいのか。

★ その楽観主義はいったいどこから来るの?

アメリカ人の「ノー・プロブレム」の連発は、アメリカ文化と深く関係があると言ってもいいかもしれない。アメリカ人は楽観的であることが多く、どんな困難も積極的な姿勢さえあれば解決できると思いがちだ。それはチャレンジ精神の表れともいえる。

これは can-do attitude (「できます!」という前向きな姿勢) とも呼ばれ、アメリカ人の間では非常に高く評価されている。

また、「ノー・プロブレム」という表現はアメリカ人のプライドと独立精神を表している。彼らは、一人前の人間ならば必要以上に他人に依存せず、できるだけ自分でやりとげるべき、と考える。

したがって、アメリカ人の「ノー・プロブレム」には、他人に自分の能力を認めてもらいたい気持ちも含まれているわけだ。つまり

「自分が解決できない問題はないので、心配しないで任せてください」という意味が隠されている。

またアメリカ人は、問題を表面化させることに抵抗を感じる場合がある。kill the messenger（悪いニュースを持ってくる者は消せ）という表現があるように、問題を報告すると自分に何か悪いことがふりかかると思ったり、問題を報告すれば解決するのは自分の責任になるので、仕事の負担が大きくなると懸念したりするのである。

★ 質問は具体的に

プロジェクトの進み具合を知りたくて、How's it going?（調子はどうですか？）と尋ねると、「ノー・プロブレム」という答えが返ってきやすい。もっと具体的な答えを引き出すために、他の聞き方をしてみよう。例えば、

▶ Are you anticipating anything that might cause this project to fall behind schedule? As you know, meeting our deadline is extremely important.（このプロジェクトがスケジュールに間に合わない可能性があると思いますか。ご存知のように、締め切りを守ることは非常に大切ですから）

のような言い方だ。この文章にproblem（問題）という言葉が入っていないことに注意してほしい。もしproblemという言葉を使えば、前述したように、防御的な返事が返ってくるからだ。

また、**質問をするタイミングも大切。廊下を歩いている時などに何となく聞くのではなく、会議室などの正式な場で聞くとよい。**「ところで仕事はどう？」といったカジュアルな感じで質問すると、質

問を軽く受け取り、「ノー・プロブレム」のような安易な答えを返す可能性が高い。

★ 問題は一緒に解決

　もうひとつの効果的な対策は、問題を報告してもいいという雰囲気を社内に作ることだ。そのためには、言葉でその旨を皆に明確に伝える必要がある。例えば、会議の場で以下のように言うとよいだろう。

▶ I want you all to **feel comfortable letting me know** about any problems you observe in how we do things here. It's very important for you to point problems out so that we can work together to solve them.（ここのやり方に関して何か問題があったら、遠慮なく話してください。われわれが問題を一緒に解決するのに、問題点を指摘してもらうことは非常に重要なのです）

▶ I believe that it's important to **discover problems early** so that they can be **nipped in the bud**. Everyone please you will all cooperate in reporting anything that might have a negative impact on our work.（私は、問題は早期発見して芽のうちに摘みとることが大切だと考えています。われわれの仕事に悪影響を与えそうな問題があれば、報告するようご協力ください）

　問題が報告された時の上司としての反応も、従業員にとっては重要な「信号」となる。So, what are you going to do about it?（それで、あなたはどう解決するつもりですか）とか、You should solve this problem on your own.（この問題は自分で解決すべきですね）といった態度をとると、アメリカ人従業員はがっかりするだろう。

もし自分で解決できる問題だったら上司には報告しないわけなので、**Let's talk about how we can solve this problem.（この問題をどう解決できるか話し合いましょう）といった態度が望ましい**。問題を解決するため従業員一人に頑張らせるのではなく、上司および社全体が積極的にサポートする姿勢を見せることが大切なのである。

★ フィードバックを利用する

　従業員が問題を報告したことが会社の利益になった場合は、ポジティブ・フィードバック（よくやった仕事の指摘）で感謝の意を示そう。例えば、

▶ **I'm glad that you pointed out this problem** so that we could take care of it right away. If we hadn't known about this, it could have caused many defects in the products. (あなたが指摘してくれたおかげで、問題を早めに解決できてよかった。この問題に気づかなかったら、製品に多くの欠陥が生じる可能性がありましたから)

のように。このようなポジティブ・フィードバックによって、従業員のやる気を起こさせるのも、上司の重要な役目と言える。

　逆に、「ノー・プロブレム」と言われたのに、のちのち問題が表面化した場合には、失望したことを的確に伝える必要がある。それをネガティブ・フィードバック（改善すべき点の指摘）と言う。

▶ When I asked you last week how the project was going, you told me, "No problem," but now you say that it cannot be completed on time. **I wish that you would have told**

me about this sooner. In the future, please avoid giving me such unpleasant surprises at the last minute.（先週、プロジェクトの進み具合について尋ねた時、あなたは「ノー・プロブレム」と言いましたが、今はスケジュール通りに完了できないと言っていますね。もっと早期に報告してほしかった。今後は最後の最後でこのようなことが起こらないようにしてください）

といった具合に。

同じ問題が何回も続いた場合には、

▶ I want to have a trusting relationship with you, but when things like this happen, it makes me feel uneasy. Let's discuss what we can do in the future to make sure that we don't have this type of misunderstanding again.（あなたと信頼関係を築きたいのですが、このようなことが起こると私も不安です。今後こういった誤解が再び生じないようにするため、対策を二人で探りましょう）

といった表現を追加するのが適切である。このようにフィードバックを利用すれば、問題点の早期報告を促せ、また「ノー・プロブレム」といった表現も聞かずにすむわけだ。

まとめ 10

- ☑ アメリカ人が連発する「ノー・プロブレム」は、アメリカ人のプライドと独立精神を表している。
- ☑ 一方で、アメリカ人は、問題を表面化させることに抵抗を感じる人が多い。自分の責任を問われたり、仕事の負担が多くなったりすることを懸念する。
- ☑ 質問は具体的に。また、会議室などの正式な場所で尋ねること。
- ☑ 問題を報告できる雰囲気を作り、問題解決をサポートする姿勢を見せる。
- ☑ よい結果であれ、悪い結果であれ、フィードバックを伝える。

Chapter 1_ アメリカ人には気をつけろ！

すぐ "I can do it." と言うアメリカ人

質問を工夫することで解決

> アメリカ人を採用する際、面接で「こんな仕事ができますか」と聞くと、必ず "Yes, I can do it." と言う。しかし、採用していざその仕事を依頼すると、実は完全にはできないとわかることが多い。それならなぜ、面接の時に、「できる」と言うのだろうか。採用してもらうためにうそを言っているのだろうか。

★「できる」と答えるのはアメリカ人の美徳

　この問題を議論する前に、日米文化の違いをまず理解しておきたい。面接で「できる」と言ったことが実際にはまったくできないと、日本人は「うそをついた」と考える。

　しかし、日本人には「うそ」「過言」ともとれる発言が、アメリカ人には当然の受け答えだったということはしばしばある。これは採用面接の時だけでなく、日常的な業務でも起こる。アメリカ人の「できる」発言の裏にある文化的な背景を理解することが、双方がストレスをためずに働ける環境作りにつながるはずだ。

　何かを「できますか」と聞かれたとき、100パーセントできるという自信がなければ、日本人は「はい、できます」と言わない。可能性が1パーセント下がるだけでも、「自信はないですが……」と言葉を濁したり、「今は他の仕事がたくさんあるので」などと理由を添

077

えたりして断る。これは相手に過剰な期待を抱かせたくないからである。「できる」と言ったことができなくなるのは、その理由が何であれ、日本社会ではあまり好まれない。相手との信頼関係に悪影響を与える可能性も高い。また、謙遜が評価され、自画自賛が歓迎されない日本の風土からしても、「はい、できますよ」と自信ありげに言うのは、「格好悪い」または「でしゃばっている」と受け取られる。

一方アメリカでは、できる可能性が50パーセントあれば、即座に「できます」と言う（Chapter 1の10でとりあげたNo problem.という表現は、アメリカ人がよく使う「できます」の意味の返答でもある）。可能性が50パーセント未満の時に、無条件に「できる」と言うのはうその範疇に入るだろうが、50パーセント以上なら、自信を持って「できる」と言うのがよいとされている。

したがって、**アメリカ人の言う「できます」は、約束ではなく、「努力する」「協力する」という姿勢を表すものと考えた方がいい**。楽観と自信はアメリカ社会で非常に重視されており、これを持たない人は弱虫だと思われる。日本人が美徳とする謙遜も、時と場合によっては、弱さの表れだと誤解される場合もある。

日本人がトラブルを予測して準備を整えておくことを重視するのに対し、アメリカ人は、自分の可能性を信じ、努力して物事を達成しようとすることを重視する。問題は、発生した時に対処法を考えればよい、すなわちWe'll cross that bridge when we come to it.（橋に来たときに渡り方を考えればいい）というのが、彼らの姿勢なのである。

★ 具体的な質問で、本当の能力を聞き出す

就職面接では、以上のような文化的背景に加えて、「採用された

い」という願望があるため、アメリカ人はできるだけ自分をよく見せようとする。自分を売り込まなければ採用されない、というのがアメリカの常識でもある。なので、**求職志願者が言う「できる」は、「できると思いますので、チャンスを与えてくれれば努力します」ということだととらえ、言葉を鵜呑みにするのではなく、よりつっこんだ質問を追加する必要がある。**

　例えば、ある機械を使える従業員を採用したいとする。この場合、「この機械の使い方を知っていますか？」という質問では不十分だ。「使い方を知っている」ではあまりに漠然としているし、「使える」という言葉自体、さまざまなレベルがあるからだ。相手が初心者レベルなのか、あるいはベテランなのかを知るには、次のような具体的な質問が役に立つ。

▶ **How did you learn** to use the machine? Did you receive any special training? （その機械の使い方をどうやって学びましたか。何か特別なトレーニングを受けましたか）

▶ **How long did you work** with this machine? **How long ago** was it? （この機械をどのぐらいの期間使いましたか。それはどのくらい前の話ですか）

▶ Did you learn **all the functions** of the machine? （すべての機能について学びましたか）

▶ What do you think is **the most important thing to remember** when using this machine? （この機械を使う時に、何が最も大切なことだと思いますか）

★ 早め早めのサポートを

　一緒に働いているアメリカ人社員の能力を知りたい場合も、79ページで紹介した質問は役に立つ。部下や同僚の知識と経験を的確に知っておくことは非常に大切だ。また、問題を未然に防ぐためには以下のような対策も考えられる。

●救いの手を差し伸べる

　何か具体的な問題が発生する前に、周りがサポートする。英語のsupportは意味が広く、資料、指導、説明、物理的な手助けなどを含んでいる。次のように尋ねると、相手からかなりの情報を得られるはずだ。

▶ **Is there any support** you need from me in order to do this? （この仕事をするにあたって、何か私がお手伝いできることはありますか）

●問題をすぐに知らせてもらう

　問題が起こっていることを知らずに最終段階まで来てしまわないよう、以下のような質問をしよう。

▶ **If anything comes up,** please let me know right away. （もし何か困ったことが起こったら、すぐ知らせてください）

▶ Please let me know **if you encounter any difficulties**. （何か問題が起こったら教えてください）

▶ Please let me know **if you need any help**. （何か助けが必要だったら教えてください）

▶ I'm glad that you will be able to do this. Since this is an important task, please let me know if you have any trouble with it.（あなたがこれをやってくれて非常に助かります。大事な業務なので、何か問題がありましたらお知らせください）

◉進捗状況を確かめる

時々は進捗状況を確かめることも必要だ。下記のような具体的な質問から得られる情報は、重要であることが多いのだ。

▶ **How is** that project **coming along**?（あのプロジェクトはどうなっていますか）

▶ **How is** the ... **going**?（〜はどう進んでいますか）

▶ **What's the progress** on the ...?（〜の進捗状況はどうですか）

まとめ 11

- ☑ アメリカ人の "I can do it." と、日本人の「できます」はかなり違う。
- ☑ アメリカ人は、できる可能性が50％あれば「できます」と言う。対して、日本人は100％できるという自信がなければ「できます」とは言わない。
- ☑ アメリカ人の「できます」は、楽観と自信に裏打ちされた「努力します」「協力します」の意味。
- ☑ アメリカ人の本当の能力を見極めるには、具体的な質問を投げかけるのがよい。

"That's not my job!" と言うアメリカ人

自分の仕事領域に敏感すぎる……

ある日本人駐在員が、米国に赴任してアメリカ人部下を持つようになった。職場で聞く英語でいちばん嫌いなのはThat's not my job! という表現だという。部下に仕事を依頼した際にそう答えられると、どう言い返せばよいのかわからなくなる。自分の仕事の領域を限定せず、もっとフレキシブルに協力してほしいということなのだが。

★ アメリカ人にとって責任とは

日本では、仕事はチームで行うもので、職務内容が文書で説明されている場合は少なく、社員は必要に応じて柔軟に仕事をする。しかし、米国の企業は違う。個人の責任はjob description(ジョブ・ディスクリプション、職務記述書)に細かく説明されている。組織を円滑に動かすために、社員は自分のエリアだけをカバーして業務を遂行する責任がある。自分の仕事以外のことをやると他の社員の領域を侵してしまう危険性があるので、それを避けようとするのだ。

対策として、まずは「私の業務範囲には入っていない」と言われないため、職務内容記述書を作成する際にOther duties will be assigned as necessary.(必要に応じてその他の任務・責任が課せられる場合もある)という文章を入れておくとよい。そうすれば業務内容の定義はよりフレキシブルになり、従業員もそれを事前に

認識することになる。念のため、すべての職務記述書にこういった文章を加えておいた方がよいだろう。しかし、「むち」に対しては「アメ」も必要である。下記の表現はアメリカ人従業員を説得するのに役立つ。

◉チームワークの大切さを強調する

We need you to be a team player.（あなたにチームの一員として協力してもらいたいのです）と言われれば、誰でもteam playerとして見られたいのでやる気になる。チーム意識を育てるために定期的に皆を集め、現在の状況を報告してもらい、お互いに協力できることをディスカッションさせるとよい。

◉組織の状況を説明する

在米日系企業の多くはlean（脂肪が少ない、筋肉質の＝余分な人材は採用しない）なので、各従業員は同時に複数の業務をこなさなければならない、ということを説明する必要がある。これを英語でEach person must wear many hats.（一人が複数の帽子をかぶる必要がある＝帽子は「役割」の象徴）と言う。Because we are a small organization ...（わが社は小規模なので）や、Because we have a lean organization ...（当社は少数精鋭なので）と切り出してwear many hatsを依頼すれば説得力がある。予防線として、こういったことを採用面接の時に述べておいてもよい。

◉視野を広げることを促す

多くの日本人マネージャーは、アメリカ人従業員の視野が狭く、会社全体を十分に把握していないことを不満に思っている。実は、これは多くのアメリカ企業の組織の弱点だとも言える。こういった問題が自社で起きている場合には、例えば以下のような言い方で注意を促すとよい。

▶ We occasionally assign **some tasks outside a person's usual responsibilities**. This provides them with the opportunity to gain a broader perspective and exposure to different areas of the company. (視野を広げるために通常の業務以外の仕事も時々依頼します)

▶ We like to **discourage a silo mentality**. (従業員の視野が狭くなるようなことは避けたいのです [silo は穀物を保管するための円筒状の窓のない建物、サイロのこと。自分の業務しか眼中にないことを意味する])

▶ We like to get employees **involved in various areas**, so this is your chance to **avoid becoming pigeonholed**. (社員の皆さんには、さまざまな分野の業務に携わってほしい。これは専門外の仕事に触れられるいいチャンスです [pigeon hole とはハトが住む小さい穴。言ってみれば「井の中の蛙」の状態になることで、これも米企業の問題としてよく指摘される])

▶ This is an opportunity for you to **utilize some of your different skills**. (通常とは違う能力を生かす機会です)

また、自分の責任範囲以外の仕事をすれば、他人の領域を侵してしまうという不安にも答える必要がある。同じ場で両者と話し、どの仕事をどちらがやるべきか、双方がわかるよう明確にすること。責任分担の理由を説明するのも重要である。

★ That's not my job! が正しい場合

"That's not my job!" と言うアメリカ人社員を説得できない場合もある。この時、彼らの反応には理由があるので、きちんと対処するべきだ。

◉技術者にふさわしくない仕事を与えられた

日本と米国では、技術者の仕事の定義が随分違う場合がある。**米国では、技術関連の最も単純な作業——試験の実施や見本作成など——は、テクニシャン（technician）の肩書を持つ人に任せる。彼らは技術の知識はあるが、技術者（engineer）ほどの教育と資格がない。したがって技術者より給料は低い。**会社はテクニシャンをうまく利用すれば、人件費も抑えられ、技術者は自分の仕事に集中できる。米国企業ではこれが一般的である。

したがってアメリカ人技術者は、テクニシャンがやる仕事はしなくてもいい状況に慣れている。現在の米国労働市場では技術者は宝物のような存在であり、もし辞められたら代わりの人間を見つけるのは非常に難しいので、技術者が優遇されるのは自然だと言えよう。

◉秘書ではないのに秘書の仕事を任された

日本でも、お茶くみや掃除、コピーやファイリングなどの仕事を女性だけに頼むのは時代遅れになったが、米国ではこの習慣は40年ほど前に廃れている。

現在、はっきり区別をつけなければならないのは、秘書（secretary）や事務職（administrative assistant）とそうではない女性社員の仕事。秘書の仕事を秘書でない女性に頼めば、「私は他に責任のある仕事をしているのに、このような仕事を依頼するのは女性を軽視しているからだ」と感じる。

◉給与や肩書に見合わない業務を割り振られた

新しい仕事をどんどん追加していくと、その従業員の職務をかなり変える結果になる。こういった場合、その人の肩書と給与を見直す必要があるだろう。また定期的（1、2年ごと）にその人の貢献度が肩書や給与と見合っているかどうかをチェックする必要がある。

日系企業でよく起こるのが、優秀な人をアシスタント的ポストに置いて安い賃金で雇用し、その人に能力があればさらに複雑な業務をどんどん依頼する、ということ。その人は採用した時点よりやや上のレベルの仕事をしているにも関わらず、肩書と給与は変化していないのであればフェアではない。wear many hatsをアメリカ人に頼むのはいいが、その "hat" にふさわしい給与を払う必要もあるのだ。

まとめ 12

- ☑ アメリカの企業では、社員一人一人に対して、職務記述書を作成。個人の仕事範囲や責任について文書化している。
- ☑ 「必要に応じてその他の任務・責任が課せられる場合がある」旨、あらかじめ職務記述書に盛り込むのが望ましい。その場合、チームワークの大切さや、組織の状況、視野を広げることを促すなど、本人に納得してもらえる理由を添える。
- ☑ ただし、"That's not my job!" と言うだけの理由がある場合もある。その場合は、きちんと対処すること。

Chapter 1_アメリカ人には気をつけろ！

同僚のアメリカ人の自宅に招待された。さあどうする？

　一般的に、アメリカ人は日本人よりも気軽に自宅でパーティーを開く。親しくなれば、アメリカ人の同僚の自宅に招待されることもあるだろう。手土産やあいさつの仕方など、気をつけるべきポイントを挙げておく。

手土産持参は基本

　自宅に招かれた際、アメリカ人がよく言うのは、**Is there anything that I can bring?**（私がお持ちできるものは、何かありますか）という言葉。これは一種の礼儀なので、親しい間柄であれば、**That would be wonderful. Could you bring a salad?**（そうしていただけると、うれしいです。サラダを持って来ていただけますか）などと具体的に返事が来ることもあるが、通常は、**No, please just bring yourself.**（いいえ、手ぶらでお越しください）と言われる。

　とはいえ、**ちょっとした手土産を持って行くのが、アメリカにおけるエチケット**。相手の好みがわかっていればそれに合わせたものを。わからなければ、日本の一般的な手土産と同じで、花やワイン、お菓子、もしくはキャンドルなどのちょっとしたインテリアグッズがお勧めだ。

> **Is there anything that I can bring?**

> **That would be wonderful. Could you bring a salad?**

087

子連れ可か、そうでないかもチェックポイント

　また、**子供も招待されているかどうかも確認しよう**。アメリカでは、ベビーシッターを雇う習慣が広く浸透しているので、大人だけの食事会もよくある。**Are our children invited as well?**(子供も一緒でしょうか)や、**Would you like us to bring our children along, or should we get a babysitter?**(子供も連れて行きましょうか、あるいはベビーシッターを手配した方がいいですか)のように聞いてみるとよい。

適切な訪問のタイミングとあいさつ

　約束の時間より早く到着するのはＮＧ。ホストが最後の準備であわただしくしているからだ。約束の時間を過ぎて、15分後くらいまでの間が適切。20分以上遅れる場合は、電話を入れておくとよい。

　最後に、あいさつの仕方を。訪問時はまず、**Thanks so much for inviting us / me.**(招待してくださってありがとうございます)のように、お礼を述べる。アメリカ人は家や内装にこだわりを持っている人が多いので、**What a beautiful home you have!**(とてもすてきなお家ですね!)などと言うと喜ばれる。帰る時は、**We / I really had a lovely time.**(とても楽しかったです)のように、感謝の気持ちを伝えるのを忘れずに。

Chapter 1_ アメリカ人には気をつけろ！

残業しないアメリカ人

いいえ、アメリカ人だって残業します！

? ある在米日系企業では、アメリカ人と日本人の勤務時間の差が非常に大きいという。アメリカ人は朝早く出社し、定時に帰るように努力する。一方、日本人は定時に出社するが、夜遅くまで残業する。この勤務時間の差が摩擦の原因になっている。日本人は、早く帰るアメリカ人をうらやみ、自分たちだけが仕事の負担を背負っているように感じる。アメリカ人は自分たちの帰った後に重要な業務が行われていると思い、疎外されているように感じる。どのように対策すればよいだろうか？

★ なぜ残業しないのか？

　勤務時間の差は、アメリカ人と日本人の仕事のやり方や、家族との時間の過ごし方の違いによって生まれるので、簡単に解決できない。解決の第一歩としては、日本人がアメリカ人の勤務時間の考え方を理解することである。アメリカ人が定時に帰宅することを重視するのには以下のような理由がある。

●効率的に仕事をしたい

　アメリカ人は時間の有効利用を重視している。一日の仕事を効率的にこなせる人は集中力があり、時間管理が上手だと見られる。つまり、**能力があれば一日の仕事は残業なしでもこなせると思っているのだ**。なので、アメリカ人は残業する日本人を「効率的でなく、時

間管理ができていない」と見てしまう。

●自分の仕事が終わったら帰るのは当たり前

アメリカ人は仕事を個人単位で考えているが、日本人は自分の仕事が終わっても、つきあいで残業をしたりする場合がある。仕事をグループ単位で考え、一人で先に帰ることに抵抗を感じるのだろう。「お先に失礼します」という表現はこの気持ちの表れといえる。一方、<mark>米国では自分の仕事が終わったら帰宅するのが当然である。</mark>

●家族との時間を大切にする

米国では共働きの場合、夫と妻が家事と育児の責任を平等に分担する。たとえ妻が仕事を持っていない場合でも、夫が家事や買い物をしたり、子供の面倒を見たりすることは当たり前と思われており、そのための時間を割くことはとても大切だとされる。そうしないと、悪い夫／悪い父親、と思われてしまうのだ。

また、共働きの夫婦やシングル・ペアレントの家族には、デイケア・センター（託児所）の問題もある。子供を預けた場合、センターが閉まる午後5時半か6時半くらいまでには、子供を迎えに行かなければならない。子供が学校に入ってからでも、子供が家に一人でいる時間をできるだけ短くしようとするので、仕事を早めに切り上げたい親は多い。

もし仕事量が多くて時間内にこなせない場合には、残業するよりも朝早く出勤する、あるいは夜自宅で仕事をすることを好む傾向が強い。そうすれば家族との時間を犠牲にしなくてすむからだ。

●働きすぎは逆効果

アメリカ人は、生産的に仕事をするには健康な体と精神が必要であり、働きすぎは逆効果だと考えている。そのため、十分な睡眠をとり、レジャーの時間を設けることを大切にしている。長時間労働

は人間のエネルギーを吸い取り、達成度を低下させると考えるのだ。そのため、長時間働くことを当たり前とする日本人の同僚と共同で仕事をする際に、違和感と不安を感じることがある。

★アメリカ人も罪悪感に駆られている

以上のような理由はあっても、アメリカ人従業員は日本人より先に会社を出ることに罪悪感を持っている（feel guilty）ことが多い。例えば、日系企業で働くあるアメリカ人技術者は、自分が定時より1、2時間遅く帰宅した後でさえも、日本人の同僚はまだ机に向かっていることを知って罪悪感を覚え、会社の誰にも気づかれないようこっそり退社することがよくあるという。

彼らとしては、仕事の進み具合を同僚と確認し合い、堂々と職場を出たいのだが、同僚への忠誠心と家族に対する責任感の板挟みになっているのだ。

自分の業務を予定通り、もしくはそれより早く終わらせているにもかかわらず、このすっきりとしない気持ちは変わらない。また、自分の帰宅後に日本本社とのやり取りが行われ、業務上で重要な決定が下されているのではないかという懸念も強い。

★アメリカ人に残業をしてもらうために

仕事と家庭の両立は、最近アメリカ社会でますます重要視されている。優秀なアメリカ人従業員を定着させたい企業は、従業員のプライベート・ライフの持つ意義を認める必要がある。しかし、「アメリカ人は残業しない」、「日本人はよく残業するから忠誠心がある」という固定観念を持つのもよくない。アメリカ人従業員にも責任を

持たせ、お互いカバーし合うのが理想的だ。

　それでは、どうすればアメリカ人にも気持ちよく残業してもらい、罪悪感なしに帰宅してもらうことができるのだろう。以下に具体的な対策をいくつか挙げよう。

●的確な指示を与える
　例えば、仕事を任せていたはずのアメリカ人従業員が、今日が締め切り日で、その仕事が終わっていないにも関わらず、さっさと先に帰ってしまった場合、**自分の期待が十分伝わっていたかどうかを確認する必要がある。**

　つまり、相手はその仕事を今日中に終了すべきだということをわかっていたか、ということだ。自分はその仕事の緊急性を把握していても、業務の全体像を把握していないアメリカ人部下には明確ではなかったかもしれないので、事前に締め切りについて念押しする必要がある。例えば、

▶ This is an urgent task, and Tokyo is expecting the answer tonight, so **I please be sure to finish this** by the end of the day.（これは至急の仕事で、東京側は今夜返事を待っています。今日中に終わるようにしてください）

と伝えておけば、やりかけのままで帰ることはない。

●残業を早めに告知する
　一般的にアメリカ人は、**仕事とプライベートのバランスをとるために、残業も事前に予定に組み込んでおきたいと思っている。**したがって、仕事の締め切りをできるだけ早く知らせ、ぎりぎりまで引き延ばさないことが肝心だ。

例えば、帰る間際に仕事を依頼するとアメリカ人の反発を招く。特別の仕事以外、彼らはそれを正当な依頼とは認めない。早めに締め切りを知らせるのは依頼する側の責任で、そうしないのは思いやりの欠如だ。

● 「持ち帰り残業」を許可する
　アメリカ企業では、特にマネージャーや専門職の場合、持ち帰り残業が意外と多い。例えば、翌朝締め切りの仕事があるが、託児所に子供を迎えに行かねばならない場合、仕事を家に持って帰り、子供が寝ついた後にやるといった具合に。最近では、パソコンや携帯電話さえあれば、いつでもどこでも働けるようになった。しかし、このような持ち帰り残業を実現しようとすると、上司の信頼と理解が不可欠だ。

　従業員の仕事を評価する時には、勤務時間（つまり職場に滞在している時間）の長さを見るのではなく、どんな実績を上げたかで判断するべきである。「残業＝努力している」といった含みを持つ発言を、常日頃から上司がしないことも大切だ。

　また、時差のある日本の本社との連絡のためにやむを得ず残業をする場合もあるだろう。自宅から日本との連絡を行ってもいいという態勢を作るのが望ましい。ほとんどのアメリカ人は事務所で待機するよりも、自宅での待機を好むだろう。

● 普段から良好な関係を築いておく
　アメリカ人には残業が頼みにくいと思っている日本人従業員は少なくないだろうが、**「頼みにくいから自分でやってしまった方が楽」といった意識を変える必要がある**。相互依存と信頼関係を育てると、もっと簡単に頼めるようになる。つまり、日本人の同僚に対して持つ仲間意識を、アメリカ人に対しても持てるようになればよい。

★ それでも仕事を完了してもらえなかったら……

もしこのように伝えても、相手が仕事を終わらせずに帰ってしまった時は、後できちんとネガティブ・フィードバックを伝える。「アメリカ人はそんなもんだ」とあきらめて何も言わないのはよくない。日本人は文句も言わずに、自分たちが積み残した仕事を引き受けてくれるのだと、アメリカ人が勘違いすることもあるからだ。

またアメリカ人の中には、日本人は残業が好きで、家族との時間を犠牲にすることをいとわない、と信じている人もいるので、彼らに、自分の仕事は責任持って終了させることを示す必要がある。例えば、

▶ Yesterday, **I had expected you to complete the project**, but you left without finishing it. Because it needed to get done, **I had to do the rest. I was not happy about it**, because I also would have liked to go home earlier. (昨日プロジェクトを完了すると期待していたのに、あなたは帰ってしまった。どうしても終わらせる必要があったから、私が残りを片付けなければならなかった。私も早く帰りたかったのに。気分がいいわけないですよね) のように。

このようなフィードバックによって、自分の立場を理解してもらい、相手に何が期待されているかを再認識してもらえる。何も言わないで自分を犠牲にするというパターンは、アメリカ人に対するresentment（否定的な感情）を生み、職場の人間関係に悪影響を与える場合がある。アメリカ人が望ましくない行動をしたら、その都度きちんと注意し、指導することが大切だ。そうしないと悪いパターンが繰り返されてしまうだけだ。

まとめ 13

- ☑ アメリカ人と日本人は、仕事のやり方や家族との時間の過ごし方が異なる。
- ☑ アメリカ人は、残業する日本人を「効率的でない」「時間管理ができていない」と見がち。
- ☑ しかし、日本人よりも先に会社を出ることに、アメリカ人は罪悪感を持ったり、すっきりしない気持ちを抱いたりしている。
- ☑ アメリカ人も理由があれば残業する。①的確な指示を与える、②残業を早めに告知する、③「持ち帰り残業」を許可する、④普段から良好な関係を築いておく、の四点に留意。
- ☑ ここまで対策しても仕事を完了してもらえない場合は、ネガティブ・フィードバックの活用を。

他部署からの依頼を軽んじるアメリカ人

頼む理由を説明し、応じなかった場合は感情に訴える！

他部署のアメリカ人従業員に仕事を依頼すると、たいていの場合、頼んだ仕事や返事はなかなか返ってこない。理由を尋ねると「忙しかったから」とのこと。アメリカ人は直属の上司 (immediate supervisor) の命令には従うが、他の部署のスタッフや、コーディネーターやアドバイザーの肩書を持つ日本人駐在員の依頼を軽視してしまう傾向があるように感じる。直属の上司以外から頼まれた仕事にも責任を持ってもらうためにはどうすればよいか。

★ 依頼する仕事に動機を持たせる

同じ会社に長く勤めることが多い日本人の場合は、他の部署にいる人間が将来自分の同僚や上司になる可能性があるので、人間関係の維持を考慮しなければならない。

しかし米国では、永久的に同じ会社に留まろうとする人間はほとんどいないので、このような組織的なしがらみ（organizational bonds）は重要視されない。会社での自分の将来にいちばん大切なのは直属の上司の評価であるため、上司の依頼が何にもまして優先される。

そういった背景もあり、アメリカ人と日本人の組織に対する考え方は基本的に違う。アメリカ人は自分の仕事の領域をおさえれば十

分だと考えているので、担当している仕事以外の依頼、および直属の上司以外からの依頼を「仕事のひとつ」ではなく、「本来の自分の仕事が終わって余裕があればやるが、自分の仕事が最優先」と考えるのだ。

直属の上司以外から仕事を頼まれた時、アメリカ人は意識的、または無意識のうちに、Why should I bother?（なぜ自分がやらなければならないのか）と考える。

また、日本人の駐在員は頻繁に異動するため、人間関係への「投資」をしても、まったく意味がないとすら思っているアメリカ人従業員も少なくない。

したがって、自分の直属の部下以外のアメリカ人に依頼する時には、**相手が努力するような動機を与えることが重要である。協力するとどのようなメリットがあるのかを理解してもらえばよい。**

アメリカ人従業員の態度を改善するためには、一見回り道のようだが、以下の方法が役に立つ。一つひとつ見ていこう。

★ 温かい人間関係を作る

自分に関心のない、冷たい人のためには努力したくないと思うのは当然である。仕事を依頼する時には相手を動かすために、まずその人と温かい関係を築かなければならない。要するに、その人をただ「仕事をするための手段」として扱うのではなく、人間として扱うことが大切だ。例えば、**何かを頼む際にはpleaseの一言が不可欠だ。**

★ 持ちつ持たれつの関係を作る

英語では You scratch my back. I'll scratch yours.(あなたが私の背中をかいてくれれば、私もあなたの背中をかく。つまり「魚心あれば水心」の意味)と言う。いつも仕事を依頼するだけでなく、**自分も彼らにやってあげられることを見つけるのが大切だ。**例えば、その人のために日本本社からの書類を英語に訳すなど。

ジャネット・ジャクソンの歌に What have you done for me lately?(最近、私のためにあなたは何をしてくれた?=「私だけが努力しているんじゃない?」という揶揄が込められている)という曲があったが、同様のことをアメリカ人従業員に言われないよう、気をつける必要がある。

★ 理由を説明する

なぜそのアメリカ人従業員の手伝いが必要か、なぜその仕事をするのか、どんな仕事か、なぜ至急とりかからなければならないか、などの理由を伝えれば、彼らに動機を与えることになる。**背景情報もなく、ただ「これをやってほしい」とだけ言われてもアメリカ人は納得しない。**

まず、I would really appreciate it if ...(〜をして頂ければ大変ありがたいです)や it would be a big help if you could ...(〜をして頂ければとても助かります)といった表現で依頼し、その上で理由やメリットを必ず添えよう。

★ 必ず感謝する

多くの場合、駐在員はアメリカ人従業員が自分に従うのは当たり前だと思い、感謝の言葉をあまり口にしない。しかし、**米国では礼を述べるのが大切**だ。

I appreciate your cooperation.（協力を感謝しています）、Thanks for helping me out.（手伝ってくれてありがとう）、That was really a big help.（たいへん助かりました）のように言うとよい。具体的にどのように助かったのかも説明できれば、なおよい。感謝の意を表さないと、相手は自分の努力が無視されたように思い、今後このような依頼を、thankless task（感謝されない仕事）だとして、やらなくなってしまう。

★ プライドと感情に訴える

アメリカ人従業員が協力しない時には、あなたの反応が大きな影響力を持つ。例えば、明後日までにレポートを出すように依頼したが、提出されなかった場合、その人を叱るのは逆効果である。そのように扱われると、反発してその後、絶対協力しなくなる。

同様に、提出しなかった理由に関して口論してもいけない。アメリカ人は自分の行動を弁護するのがうまく、defensive、つまり自分の立場を守るために必死になる。お互い理詰めになってしまうと、人間関係に亀裂が生じる。

最もよい方法は相手の感情に訴えることだ。**協力を拒んだことで、周囲に迷惑がかかったと意識させることが必要**だ。少々強い表現だが、それを英語ではmake someone feel guilty（罪悪感を持たせる）、あるいはmake someone feel bad about what they did（自

分の行為をやましいと感じさせる）と言う。そのために有効な表現は以下の通り。

- ▶ I was **counting on you**. （期待していたのに）
- ▶ I am really **disappointed in you**. （とてもがっかりしている）
- ▶ You really **let me down**. （期待に応えてくれなかったので、落胆しました）
- ▶ This **makes things** really **difficult for me**. （あなたがやってくれなかったので、私の仕事は大変になりました）

　こう言われれば普通の人は反省し、次回からはもっと努力して依頼された仕事をこなそうとするはずだ。要するに、アメリカ人のプライドと感情にアピールするのが最も効果的な方法なのだ。

　また頼んだ自分自身だけでなく、他の人も迷惑したのであれば、ここで挙げたフレーズを使う際に、Iやmeの代わりにweやusを使うのがさらに効果的である。また仕事が不完全だった場合に、自分あるいはチームが被った損害を具体的に説明することも大切だ。

★360度評価の導入

　日本人でもアメリカ人でも、人間は自分を査定する人の声を最も大切にする。これを受けて、最近多くのアメリカ企業では、「**複数評価者による査定**」(performance evaluation that incorporates multi-rater feedback) が導入されている。この制度下では、普通の査定制度と同じ評価表に、直属の上司に加えて、同僚や部下、やりとりが頻繁にある他部署の人も記入し、複数の視点から個人が評価されるようになる。

このやり方は、360度評価（360-degree evaluation）とも呼ばれている。直属の上司以外のスタッフ（特に日本人コーディネーターやアドバイザーなど）の存在が軽視されがちな在米日系企業では、このような制度を導入すれば非常に効果的であろう。

まとめ 14

- ☑ アメリカ人は、担当している仕事以外の依頼や、直属の上司以外からの依頼について、「本来の自分の仕事が終わった上で、余裕があればやるが、自分の仕事が最優先」と考える。
- ☑ アメリカ人のプライドと感情にアピールしつつ、協力するとどのようなメリットがあるかを伝えるとよい。
- ☑ 複数の人が査定する360度評価を導入すれば、直属の上司以外にも目が向くようになり、仕事を進めやすくなる可能性がある。

同じ失敗を繰り返す アメリカ人

まずはわが身を振り返ろう

「アメリカ人の部下が何度も同じ間違いと失敗を繰り返し (repeats the same mistakes over and over again)、進歩が見られない。もううんざりするほどだ。今の状況を改善したいが、部下を納得させ、ついてきてもらうためにはどうすればよいだろうか」——多くの日本人駐在員は、このようなフラストレーションを感じている。何が問題なのか、どのような対策をとるべきかは、日本と米国でかなり違う。部下の意識や仕事の進め方を改善するために、アメリカ人に通用する方法を紹介したい。

★ 意思の疎通は十分か

まずは、自分が部下の仕事に満足していないことが、十分伝わっているかどうかを考える必要がある。上司がある欠点を直してほしいと考えているにもかかわらず、当人がそれに気づいていないということはよくあるからだ。この現象は日米のコミュニケーション・スタイルの違いから発生する。

日本であれば、控え目にほのめかしただけでも部下はすぐ上司の意図を把握する。しかしアメリカ人部下の場合、はっきりと指摘しないとわかってくれない。多くの日本人上司は英語で問題を指摘する自信がないからか、あるいは、関係性が壊れることを恐れてか、直接の問題提起を避ける。だが、関係がぎくしゃくすることを怖がる

あまり、問題点を指摘しないのはよくない。

　対策として、仕事の欠点を指摘するためによく使われる表現を挙げておこう。この表現は失望している状態を伝えつつも、十分丁寧なので失礼には響かない。これらの表現は例えば、This work（この仕事は）、This report（このレポートは）、These results（これらの結果は）、Your work speed（あなたの仕事のスピードは）などを主語にとる。

▶ ... does not meet my expectation（私の期待にそぐわない）

▶ ... has room for improvement（改善の余地がある）

▶ ... needs improvement（改善の必要がある）

▶ ... needs further refinement（もっと磨く必要がある）

▶ ... requires further effort（さらなる努力が必要である）

▶ ... requires significant improvement（大幅な改善が必要である）

▶ ... is disappointing（がっかりさせられる）

▶ ... is insufficient（不十分である）

▶ ... is not acceptable（納得できるものではない）

▶ ... is inappropriate（不適切である）

▶ ... is undesirable（望ましくない）

▶ ... could be better（よりよくなるはず）

★ 望ましくない行動がもたらす結果を説明する

改善への動機づけのためには、**部下の望ましくない行動がもたらす結果について説明する**とよい。失敗が生み出す問題を十分理解していないかもしれないからだ。特に下部組織にいる人は、会社と仕事の流れの全体像を把握していないため、自分の行動が他人にどんな影響を与えているかを知らない可能性もある。

★ 対策を一緒に考える

問題となる行動を指摘するのは重要だが、問題が大きければ大きいほど、その対策を一緒に考えることが不可欠である。しかし、改善方法を部下に見つけさせるだけでは不十分だ。自分が部下の改善や努力をサポートする旨も伝えた方がいい。その際に使える表現を以下に示そう。

▶ **Let's work on** a plan for how you can improve your performance. (あなたの仕事を改善するための計画を一緒に考えましょう)

▶ **Let's map out** the steps you can take to improve. (改善のためのステップを一緒に考案しましょう)

ここで大切なのは、上司と部下の間に協力的な雰囲気があることだ。上司が依頼・命令するだけでなく、部下の改善のために手助けをすることが非常に重要である。そして話し合いの後、誤解がないよう、上司と部下とで合意した対策を書面で残しておく。その後に、進捗状況をチェックするための打ち合わせを行うことも大切だ。

★ 問題点はその場で指摘する

　同じ問題や間違いが起きたら、その場ですぐ指摘する必要がある。もしその時に何も言わなければ、部下はそのままでもよいと思ってしまうからだ。常に部下の仕事を観察し、改善を目指すよう仕向けるのは上司の責任である。そのためにはこんな表現が使える。

▶ **This would be a good time** to try doing what I mentioned to you the other day.（この間、私が提案したことを今やってみてはどうですか）

▶ I can see that you're making an effort to improve, **but you're not 100 percent there yet.**（改善のために努力をしていることは認めますが、まだ100パーセントには到達していませんね）

　大切なのは、繰り返しになるが、その場で問題点を指摘すること。部下はその行動をしたばかりなので、上司が何を言わんとしているのか、正しく理解できるはずだ。

★ それでも改善しない場合

　以上のステップを踏んでも、同じ問題が続く場合は、**最終手段として、査定時にその問題を部下の評価表に記入する**方法がある。人事記録に残るとなると、真面目に取り組むようになる従業員もいるからだ。しかし、査定の時に部下が初めてこの問題の存在を知るようではいけない。査定の前に何度も口頭で伝え、改善されない場合にのみ、評価表に記入しよう。査定面談の時に初めて問題について切り出し、部下を驚かせるのはよくない。

★ 進歩を認める

　ここまですれば、部下の仕事内容はたいていの場合、改善されるだろう。その後は上司のあなたが、**その努力と進歩に気がついていると伝えること**が重要である。問題点を批判するばかりで評価をしてくれない上司を、アメリカ人従業員はいちばん嫌う。自分の進歩や努力が認められていないと思えば、部下は以前の望ましくない行動に戻ってしまうかもしれない。役に立つ表現を挙げよう。

▶ **There has been a clear improvement** in your work.（あなたの仕事は明らかによくなっていますね）

▶ **I appreciate that you have addressed the issue** we discussed.（われわれが話し合った問題にあなたが対処していることを、私は評価しています）

まとめ 15

☑ アメリカ人部下には、仕事上の問題点をはっきりと指摘しないと伝わらない。

☑ 改善への動機づけとして、部下の望ましくない行動がもたらす結果について説明するとよい。

☑ 上司と部下が協力しあい、対策を一緒に考え出す。

☑ 仕事内容が改善されたら、その努力と進歩に気づいていることを伝える。

Chapter 1_ アメリカ人には気をつけろ！

注文の多いアメリカ人

注文をつけるのは、好意がある証拠 !?

? アメリカ人の顧客と話をしていると、商品についてありとあらゆる意見や提案が出てくる。彼らは非常に熱心で、命令口調で迫ってくることすらある。しかし商品の設計は、営業マンである自分の担当ではないので、要望に応えられるかどうかはわからない。もちろん顧客からの意見は大事にしたいし、社内の担当者に伝えるつもりではいるのだが。顧客からの要求を必要以上にエスカレートさせないためにはどうすればよいだろうか。

★ まずはどうあれ、感謝する

　顧客にとって、あなたへの提案は、あなたに何かをプレゼントするのと同じ感覚でなされる場合が多い。したがって、**あなたは感謝して当然なのである（その提案が、非常に切迫したものであっても、あなたのために何かしたい、という気持ちから発せられている場合が多い）**。また、アメリカ的な話し方にのっとれば、発言の中身がどうであれ、とりあえず冒頭では感謝の意を伝えるべきである。

　感謝の表し方にはいろいろある。フォーマルな場であれば、以下のような表現がふさわしい。

▶ I really appreciate your **sharing your opinion with me**. (ご意見をいただき、とても感謝しています)

▶ Thank you for **bringing this to my attention**.（ご指摘ありがとうございます）

▶ Thank you for **your helpful suggestion**.（有益なご提案をありがとうございました）

インフォーマルな場であれば、次の表現などがお勧めだ。

▶ Thanks for **telling me about it**. / Thanks for **letting me know**.（お知らせくださり、ありがとうございます）

▶ Thanks for **the good idea**.（よいアイデアに感謝いたします）

十分感謝した後、実施できるかどうかは約束できないということを言う必要がある。ここで重要なのは、それを明確に伝えつつも、前向きなイメージを与えることだ。そこで、自分は何をやるつもりかをできるだけはっきり言おう。まず冒頭では、このように言うのがよい。

▶ **I can't guarantee that** we can make a change right away, but ...（すぐに変えられるかどうかは保証できませんが、〜）

▶ **I can't promise that** we'll be able to implement your suggestion immediately, but ...（あなたの提案を即座に導入できるかどうかはお約束できませんが、〜）

▶ **We may not be able to** change it soon, but ...（すぐには変更できないかもしれませんが、〜）

それに続けて、自分が行う対処について述べる。

▶ **I'll make sure that** the design staff looks into it.（設計担当者に必ず調べさせます）

▶ **I'll bring it up** with the engineers.（技術者に指摘します）

▶ **I'll let** the designers **know** about it.（設計担当者に知らせます）

▶ **I'll pass along your comments** to the appropriate people in our company.（当社のしかるべき担当者にあなたのご意見を伝えます）

繰り返すが、この後半部分は、自分が提案に対してどのような行動をとるかを示すため、できるだけ具体的に言った方がよい。

★ 別件の時にもさらりと触れる

同じ顧客と別件でその後会ったとき、あるいは、電話で話をしたりする場合、**提案を忘れていないし、それをちゃんと担当者に伝えたということに軽く触れる**方が望ましい。

その際にはあらためて、「感謝の言葉→自分は何をしたか→その結果」の順番で報告しよう。例えば以下のように伝えると、相手も状況がわかって安心するだろう。

▶ **I haven't forgotten** about your good suggestion. I told the engineers about it, and they are studying it.（あなたの素晴らしい提案は忘れていません。技術者に知らせて、彼らに調べてもらっているところです）

▶ Thanks for giving me that helpful feedback when we talked last. I let the designers know about it, and **they appreciated the input**.（先日は有益なご意見をいただき、ありがとうござい

ました。設計担当者に伝えたところ、感謝しておりました)

　ここでちょっと注意したいのは、通常、日本企業は米国企業ほど反応が速くないため、アメリカ人顧客が期待しているスピードでは対応できないということだ。

　例えば、アメリカ人顧客の方から、Why haven't you done anything about it yet?(なぜまだ何もしていないのですか?)やWhen are you guys ever going to fix this?(あなたたちはいったいいつこの問題を解決するつもりですか?)のようなクレームが来るかもしれない。その際には、自分も相手の提案に同意していること、そしてまた、自社はその問題を無視しているわけではなく解決策を模索している最中だということを伝える必要がある。その際、使える表現として以下が挙げられる。

▶ **We haven't forgotten** about your suggestion. As you know, these things can take time. But rest assured that I passed along your comment, and my colleagues **are working on it.** (あなたの提案を忘れているわけではありません。ご存じのように、こういったことには時間が必要です。あなたのコメントは伝えてありますし、スタッフが検討している最中ですので、ご安心ください)

▶ I agree it's frustrating when things take so long, but before we make changes **we have to study them** carefully. **We aren't ignoring the problem.** (長引いているとイライラされるのはわかりますが、変更には慎重な検証が必要なのです。問題を無視しているわけではありません)

　もし進捗状況に関して言えることがあれば、それも報告しておく

べきだ。どういう状態かわからないなら、Since you mentioned it, I'm going to follow up with them again to **check on the status**.（それについて言及してくださったので、私も彼らに連絡して進み具合を確認するつもりです）などと言って、情報を入手した後に報告することが望ましい。**日本では、最終的結論がまだ出ていない場合は、何も言わないという傾向がある。しかし、それはアメリカ人にとって何も起こっていないように見える。**したがって、ゆっくりであっても進歩があるのなら、それを伝えよう。

あるいは、何も進歩がなければ、そのことを正直、かつ丁寧に言うことも必要だ。

▶ I agree with you that this is a potential area for improvement. However, there are many things that we want to do to improve the product, and there is a limited number of engineers. So **it may be a while before** we can get to this.（これは私も改善の余地があると思います。しかし、商品を改善するためにやりたいことは山ほどあって、技術者の数は限られています。したがって、これを実施するまでにちょっと時間がかかるかもしれません）

▶ Although this is a good idea, there are **some other improvements** we are working on **that have higher priority**. I'm sure you'll be pleased with the changes we are making, and we won't forget about your suggestion.（これはよいアイデアですが、今のところ優先度の高い改良に着手しています。この変更にはご満足いただけると思いますし、あなたの提案を忘れてはいません）

のように、状況をしっかり伝えよう。

★コミュニケーションの「輪を閉じる」

顧客の提案が導入された時、それを顧客に伝えることも重要だ。例えば、

▶ It took a while, but I want to let you know that **your suggestion was reflected** in the design for the new model. **Thank you again** for your input.（時間はかかりましたが、あなたの提案が新しいモデルのデザインに反映されたことをお伝えします。あらためて、あなたのご意見に感謝いたします）

のように伝えると、顧客も喜ぶに違いない。

このような報告は、英語では "close the loop" と呼ばれ、アメリカ人は非常に好む。close the loopとは、直訳すれば、輪状のもの（ループ）を閉じる、ということだ。コミュニケーションというのは二者の間のループであり、顧客が会社に意見を言って、会社がそれに反応することによって環が閉じられる（＝完成する）のである。もちろん顧客だけでなく、アメリカ人従業員の意見や提案に対しても、close the loopするのが望ましい。

まとめ 16

- ☑ アメリカ人の顧客から意見や提案をもらった時は、内容がどうであれ、まずは感謝の意を伝える。
- ☑ 提案を担当者に伝えたなどの報告、あるいは提案を受けての仕事の進捗状況などは、適宜知らせること。何のリアクションも示されないと、アメリカ人は何も起こっていないと受け取る。
- ☑ 顧客の提案が導入されたら、その旨必ず顧客に伝えること。

Chapter 2

こんな日本人と日本企業もコマリマス……

「まったく、あのアメリカ人は……！」と思うことは多いかもしれませんが、日本人だってカンペキではありません。本当はアメリカ人のやり方の方が効率がよかったり、むしろ合理的だったりすることもあるのかも。日本人や日本企業にとっての「当たり前」が、実は不信の目で見られていることだってあるのです。アメリカ人の言い分にも、耳を傾けてみようじゃありませんか！

会議が苦手な日本人 ①

発言しないのは、参加していないのと同じ

> ある在米日系企業では、新しいプロジェクトのために、日本人とアメリカ人の混合チームが作られた。しかし、6週間がたった時点で、チームリーダーであるアメリカ人従業員に聞いてみると、「日本人メンバーに失望している」と言う。彼らがいつも静かであまり口を開かず、チームに対し「貢献」していないからだというのだが……。

★ 参加者は皆、発言する義務がある！

このアメリカ人の意見の裏には、「貢献すること＝会議で発言すること」という前提がある。日本国内であれば、会議に参加して何も発言しないこともあり得るだろう。

しかし、**米国の会議は意見交換の場とされているので、発言しない人は意欲的に会議に参加していないと思われる**。それどころか、「どうしてこの人を会議に呼んだのか」と疑問に思ったり、その日本人が何を考えているかわからないので、非常に不安に感じたりする人もいるはずだ。

こういった誤解を生まないためには、本当に言いたいことがないのなら、I agree with what everyone else has said.（他の皆さんがおっしゃったことに賛成します）、あるいは、I don't have anything else to add.(補足事項はありません)などと言えばよい。

しかし実際には、言いたいことがないのではなく、言いたいことがあっても、アメリカ人の話のテンポに追いつけないのではないだろうか。アメリカ人と日本人とでは、話の運び方が異なる。

日本人は、ある人の発言と次の人の発言の間に間をもたせるので、前の発言をよく理解したうえで、適切な答えや反論をまとめることができる。しかし、アメリカ人同士の会話では、そういった余裕はない。各人の発言の後、次の人はただちに口を開くし、他人がまだ話し終わっていないのに話し始める人も少なくない。

こんなことを書くと、「絶えず自分の言いたいことの準備をしていたら、アメリカ人は他の人の発言に集中できていないのではないでしょうか」という質問が来るかもしれない。そういう時も皆無とは言えないが、自分の母国語である英語で話す場合、アメリカ人は聞くことと言いたいことの準備をかなり両立できる。

また、アメリカ人は、どちらかを犠牲にする場合は、自分の言うことをまとめる作業を省略しがちだ。話すうちにまとまってくるはずなので、とりあえず何か発言しよう、ということが多いのだ(57ページ参照)。まとまった文章で話すより、自分の主張を積極的に口にする方が重要だと思っているのである。

🌸 沈黙アレルギーのアメリカ人

この、すきまのない会話の背景には、アメリカ人の沈黙に対する「アレルギー」のようなものがある。沈黙が数秒以上続くと、アメリカ人はとても居心地悪く感じるので、誰かがすぐ発言するのだ。

例えば、米国の会社が日本の会社に何かを売ろうとしているとし

よう。米国側が値段を提示しても、日本側からすぐに返答がなく、沈黙がしばらく続くケースが多い。日本人はただ熟考しているだけのことが多いのだが、沈黙の嫌いなアメリカ人はこれを悪い意味に解釈する。彼らは動揺して、自分のオファーした価格が好ましくないのだろうと思い、日本人が口を開く前に「2割引きにします」などと言ってしまうのだ。

これを逆手にとって価格を下げさせるという戦法もあり得るが、そのような意図がなくともこういったことは頻繁に起きているようだ。

また、このアメリカ人の「沈黙嫌い」は、一対一の会話でも見られる。**相手が言葉を選びながらゆっくりしゃべると、アメリカ人はfinish someone else's sentence（相手の文章の最後を予測して、先に言う）ことが多い。**日本人は、これは礼儀にかなっていないと思うかもしれないが、アメリカ人にとっては、ただ単に相手の言わんとしたことを代わりに言ってあげる、という親切心からの行為なのだ。

間をとらなくても、アメリカ人が有意義なディスカッションができるのは、速いペースの言葉のやりとりに慣れているからであろう。彼らは小学生のころから教室でディスカッションに参加し、考えていることをすぐに言葉にする訓練を行っている。アメリカの教育制度はこういった「自己発言力」を育成することにかなりの重点を置いているのだ。これは先生が言うことを静かに聞く、日本式の伝統的な授業とはかなり違う。

❁「失礼にあたるかも」と思うぐらいのことをやれ！

沈黙を許さず、速いペースで進められる米国流会議において、日本人の最も大きな課題は、自分の意見をどうやって差し挟むか、と

いうことである。

これには大変な努力が必要だが、とにかく勇気を出して「言葉の激流」の中に飛び込むしかない。**人の発言をさえぎったり、皆の注目を引くために手を動かしたりなど——日本だったら失礼だと思われかねないこと——をしてもかまわない。それくらいアグレッシブでないと、アメリカ人との会議では発言できないのだ。**

また、外国語で会議を聞きながら言いたいことを文章にするのは難しいので、自分の意見を会議の前に準備しておくこともお勧めしたい。必要であれば紙に書いておいてもよい。

以上の対策を講じても発言できそうになかったら、会議の前に議長に一対一で交渉し、発言する時間をくれるよう頼んでおいてもよい（議事進行のうまい議長であれば、まるで事前の取り決めなどなかったかのように、スムーズにあなたの発言を取り込んでくれるはずだ）。

言うまでもないが、会話の内容がわかっていなければ、発言はできない。もしも話のペースが自分にとって速すぎるだろうと予測できたら、それも事前に議長に指摘しておく方がよい。

あるいは、**May I interrupt for a moment?**（ちょっと口を挟んでもいいですか）のように、会議の流れをいったん中断させてもかまわない（詳しくは136ページのColumn 4を参照）。もし会議の場に自分以外の日本人やその他の英語を母国語にしない参加者がいれば、I の代わりに we を使ってもいい（そうすると、英語を母国語にしない参加者全員の代表の発言ととらえてもらえる）。

たぶん、大方の日本人は、こういった発言を恥ずかしく感じるだろうが、その必要はまったくない。**英語を母国語にしているわけで**

はないので、こうした主張は当然の権利なのだ。また、こう言われたからといって気分を害するアメリカ人もいない。ほとんどのアメリカ人は自分の話し方が速いとは夢にも思っていないので、指摘されない限り自分からペースを落とさないのだ。

　米国で仕事をしている、あるいは外資系企業などに勤務していて、社内公用語が英語であるような場合は、もちろん英語習得の努力をすべきだが、アメリカ人の方にもわかりやすい英語を話す責任がある。ほとんどのアメリカ人はそこまで考えていないので、意識させるのは日本人側の役割なのだ。

❀「部署に戻って検討します」は禁句！

　日本人の多くは、グループの他のメンバーと相談してからでないと、あまり決定的な発言をしない傾向にある。これが、日本人を無口にしてしまう原因の一つとも考えられるだろう。

　しかし、アメリカ人は自分の所属部署がどうであれ、自分自身の考えを述べることの方が多い（議会や国連などの場を除く）。これは集団の行動を重視する日本人と個人の行動を重視するアメリカ人の違いかもしれない。したがって、少なくとも米国においては、日本人も、会議の場で部署の意向と違うことを言っても許されるし、むしろ言った方がよい。

　気になるなら冒頭でThis is just my personal opinion, but...（これは私個人の意見ですが、〜）と前置きをする（詳しくは136ページのColumn 4を参照）。アメリカ人にとっては、たとえこういったqualification（制限）のついた意見であっても、何も言わないよりはずっとよいのだ。

まとめ 17

- ☑ アメリカ人は会議に参加しながら発言しないことはあり得ないと思っているので、会議で沈黙している人を見ると、疑問に思ったり、不安に感じたりする。

- ☑ 会議では、何も言うことがなければ「補足事項はありません」などと伝え、言いたいことがあれば、アグレッシブに発言すること。

- ☑ 自分の言いたいことを発言できるよう、以下を実践してみよう。①自分の意見を紙に書いて準備しておく、②話のペースが速すぎるようだったら、もっとゆっくり話してもらうよう提案する。

- ☑ アメリカ人との会議では「部署に戻って検討します」は禁句。日本とは違い、部署の意向と異なることを言ってもOKなので、自分の意見を言ってみよう。

会議が苦手な日本人②

アメリカ人と日本人の会議が平行線をたどるわけ

? 「アメリカ人と会議をすると、話の流れが速すぎて、意見が言えない」「アメリカ人は口がうまくて売り込みが上手だから、好ましくないアイデアでもいい感じに聞こえて、是非が判断しにくい」──米国に進出している日系企業の管理職から、こうした不満をよく耳にする。しかし、日系企業のアメリカ人従業員もまた、会議について多くの悩みを抱えている。「日本人との会議では、議論が深まらないので、フラストレーションがたまる」「重要なテーマより、瑣末なことに時間を使ってしまう」など。この溝はどうやって埋めればよいのだろうか。

　もちろんどこの国の企業でも、会議のやり方はいつも問題になる。これは万国共通のことだ。しかし、日本人とアメリカ人がともに働く職場の場合、上記のコメントが示すように、文化の違いや言葉の壁があるため、会議はアメリカ人にとっても日本人にとってもいらだちの原因となっている。理由を考えてみよう。

🌸 日米での「会議の役割」の違い

　南カリフォルニア州立大学のアンケート調査によると、米国企業で会議を開く理由は次の通り。

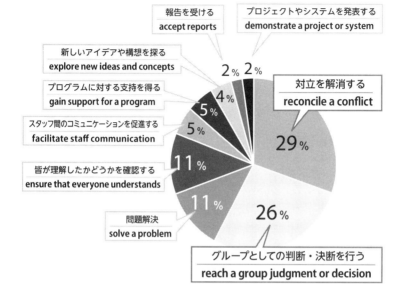

　この調査によると、会議を開く理由として多いのは「意思決定」や「問題解決」である。つまり、**アメリカ企業の考え方では、会議というのは討論・議論（debate and discussion）の場**。皆が参加する会議の場で情報の提出と意見交換を行い、物事を決めるわけだ。

　一方、日本企業における会議の目的のうち、よく見られるのは「皆が理解したかどうかを確認する」や「報告を受ける」だろう。日本の会議においては、事前に提案書を回覧するなどして根回しを行うので、実際の会議の場では、すでに方向がだいたい固まっているのが一般的だ。

　このように、日本とアメリカでは会議に対する考え方が大きく違うので、日本人、アメリカ人双方に誤解が生じる原因となる。日本

人は、「どうして、会議がそんなに激しい言い争いになってしまうのか」と思うだろうし、アメリカ人は「なぜ会議の前に、われわれに相談もなく日本人の間ですべてを決めているのか」と思うようになる。その結果、どちらもフラストレーションがたまり、会議自体が不愉快な経験になってしまうのだ。

🌸 論争は健康的！

話し合いや討論は、米国では問題解決のための最もよい方法とされている。Chapter 2の17（116ページ参照）でも取り上げたように、小学校の授業でもディスカッションが頻繁に行われ、生徒は積極的に先生に質問をして、先生と違った意見も平気で口に出す。

高校では、ディベート・クラブというクラブ活動の人気が非常に高い。また、弁護士が憧れの職業で、*Suits*や*The Good Wife*のような裁判に関する映画やテレビ番粗が大ヒットすることも、アメリカ人の討論好きを表していると言えるだろう。

一方、日本の社会の中では、本当の討論というのは少ない。米国に比べて弁護士の数は少なく、示談などのように、討論以外の方法で問題が解決されることが多い。

その上、「意見が異なる」ことに対する考え方も日米では違っている。日本で「不和」や「不調」と受けとられることが、米国では「討論」や「建設的論争」（constructive controversy）と考えられる場合が多い。

アメリカ人は、「相手が述べた意見」と「個人としての、相手に対する感情」を完全に区別しているので、二人の人間が強く反発しあっていても、それが双方の友好関係に悪影響を与えたりしないこと

をわかっている。だからこそ、自由に討論できるのである。

　また、**アメリカ人は、人それぞれに違った考えと観点があるから、ある程度の論争が起こるのは当たり前で、問題解決につながるような論争は健康的とすら考えている。**したがって、年長者や上司に対しても、異論を唱えるのは悪いことではないのだ。

　日本の場合、「相手に反対する＝相手が嫌い」というニュアンスを含む危険がある。つまり、違った意見を口にすれば相手との関係が悪くなる場合があるので、討論は日本の文化になかなかなじまないのだ。そう考えると討論好きのアメリカ人と会議をする時、話が順調に進まず誤解が生じるのは自然なことだ。

✿「おしゃべり」は、アメリカでは「ほめ言葉」!?

　また米国では、自分が考えていることを直接、正直に、はっきり言うのはよいことだとされている。実際、英語には問題を「表に出して話し合う」という表現がたくさんあり、例えば、Clear the air.、Get it off your chest.、Put your cards on the table.、Let it all hang out.、Let off steam.などがそれにあたる。

　しかし日本の場合、もっとあいまいな言い方をすることが多い。それはある程度、日本語の言語構造に起因するものでもある。また相手の顔をつぶさないよう、否定的な情報を間接的に伝えることも多い。

　日本人がIt can't be done.、It's impossible.（それは不可能です）の代わりに、That would be a little difficult.（それはちょっと難しいです）と言いがちなのは、この典型的な例だろう。この違いからも問題が生じる。アメリカ人には日本的なあいまいさは通じ

ないし、アメリカ人の直接的なものの言い方は、日本人には失礼に感じられ、評価されないことが多いのだ。

また、米国では言葉がコミュニケーションの中心だが、日本ではnonverbal communication（非言語的コミュニケーション：体の動作や口調）の役割が大きい。

日本的な観点から見れば、アメリカ人は「しゃべり過ぎ」で「論争好き」だが、アメリカ人から見れば、日本人は「無口」で「不可解」なのだ。このように、会話の基本的なスタイルが異なるので、そのままではアメリカ人と日本人の会議がうまく行かないのは当然である。

🌸 日本流でも米国流でもない会議のやり方を！

以上に述べた日米の相違と、その産物である非効率的な会議は、絶対に避けられないわけではない。これらを乗り越えるための方法を編み出す必要があるのだ。「時間がたてば解決するだろう」とか、「お互いに慣れるだろう」などと言っていてはいけない。

なぜならば、異文化コミュニケーションは特別なスキルで、ほとんどの日本人もアメリカ人も今まで経験してきていないものだからだ。そのまま放置すれば、双方が誤解を重ねてしまうだけである。

自分の国の中で通用している方法だけに頼れば、同じ問題が繰り返される。この悪循環を止めるには、日本人とアメリカ人が共通して利用できるコミュニケーションの方法と会議の手順を設定するしかないのだ。具体的な方策は次のChapter 2の19（128ページ参照）で述べる。

まとめ 18

- ☑ 日本とアメリカでは、会議の役割が違う。日本では会議は「確認の場」、アメリカでは「意見交換の場」。
- ☑ アメリカでは、意見が異なることは当たり前で、問題解決につながるような論争は健康的だと考える。
- ☑ 日本人とアメリカ人では、会話スタイルが異なる。アメリカ人から見ると、日本人は「無口」で「不可解」に映ることがある。

会議が苦手な日本人③

うまく進めるコツは「始め方と終わり方をしっかりと」

? 日本人とアメリカ人が会議をする時、どんなことが誤解の原因になるだろうか。ここでは、在米日系企業における、うまくいかなかった会議の例を挙げるので、その原因を検討してみよう。この会社では新製品の価格を決めるため、会議を行うことになった。参加者は、マーケティング部門のメンバーで、日本人の田中さん（部長）、佐藤さん、山口さん（発言なし）、アメリカ人はブラウンさん（次長）、スミスさん、シュワルツさん、グリーンさんの合計7人である。会議は、以下のように英語で進められた。

❀ 日本人とアメリカ人の会議

田中：What are your recommendations of the pricing for the new widget?
（新商品の価格設定について何かいい案はありますか）

ブラウン：I recommend positioning this as a low-cost product. How about $30 a unit?
（低価格品とすることを提案します。一台30ドルでどうでしょうか）

スミス：This makes sense as a low-cost product. That's where the market is headed.
（低価格品とすることに賛成です。市場では低価格品が売れる傾向にありますから）

シュワルツ：What about $20 a unit?　That would put us below the price charged by Company Y.
(一台20ドルはどうですか。そうすれば、Y社の価格を下回りますが)

ブラウン：Don't you think that's too low?
(それは安すぎはしませんか？)

シュワルツ：Not if we can sell in large quantities.
(大量に販売すれば、安すぎることはありません)

スミス：I'm sure we'll be able to do that.
(大丈夫、売れますよ)

佐藤：Actually, perhaps we should think about a price in the range of $50-$60.
(実のところ、一台50ドルから60ドルあたりで考えるべきかもしれませんね)

グリーン：I agree with Mr. Schwartz. Something like $20 a unit would be good.
(僕はシュワルツさんに賛成です。一台20ドルぐらいが適切でしょう)

スミス：Yes, I really think that would be a good idea. It will be a low-cost product as a foot in the door with some of our price-sensitive customers.
(ええ、私もいい考えだと思います。値段に敏感な顧客にアピールできる低価格品になりますね)

グリーン：That's how I see it.
(僕もそう思います)

シュワルツ：Those customers in the South have really been pushing hard on pricing lately.　I think I must have some numbers on that somewhere.

(南部の顧客は価格設定について最近、かなり不平を言っていますね。どこかにそのデータがあると思うんですが)

ブラウン：I don't know. I still think $30 would be is better. We have to think about our margins. Mr. Tanaka, what do you think?

(さあ、どうでしょうね。私はやはり、30ドルがいいと思うのですが。利益率を考える必要がありますからね。田中さん、どう思いますか)

田中：I'll have to think about it.

(少し考えさせてもらいたいですね)

ブラウン：But why can't you give us your opinion right now?

(なぜ今、意見を言ってもらえないんですか)

田中：We'll need to study it further. Mr. Satoh, Mr. Yamaguchi and I will discuss it and get back to you.

(もっと研究する必要があるからです。佐藤さん、山口さんと話し合って、後でお返事します)

❋ 会議でのすれ違いの原因は？

　以上の会議記録を読めば、この会議がいかに非効率的かということがわかるだろう。もちろん、これはかなり単純化した例だが、残念なことに、在米日系企業の多くでこういった会議が行われている。この会議において、どこにすれ違いの原因があったのかを見ていこう。

●アメリカ人は会議で意見交換を行う

　日本では、会議の前に参加者に議題を伝えてだいたいの方向づけを行い、会議でコンセンサスをとって終わる場合が多いが、米国に

はこうした根回しの習慣はない。アメリカ人にとって会議は意見交換の場なのである。

したがって、日本式の会議のやり方に準ずるならば、次長のブラウンさんは会議の前に他のメンバーの意見や情報を集めなければならなかったわけだ。アメリカ人参加者はそれをせずに、自分達の会議の習慣に沿って会議中にディベートを始め、日本人参加者をはらはらさせている。

●日本人の会議への不参加

発言の大部分をアメリカ人参加者が占めているのも特徴のひとつだ。佐藤さんは一度意見を言ったが（価格を50ドルにした方がいい）、アメリカ人の注目を得ることができなかったため、あきらめてしまった。その上、アメリカ人は自分たちの話に夢中になっていたので、佐藤さんの意見にあまり耳を傾けず、深く考えなかったようだ。山口さんに至っては一言も発言しなかった。

●アメリカ人との話し合いから撤退する日本人

この会議の内容に日本人の参加者が満足していないのは明らかだし、結論を出すための十分な情報もまだ得られていないと思っているだろう。このような場合は、アメリカ人参加者に価格設定のために何の情報が足りないかを説明し、さらに情報収集するよう依頼すればよかったのだ。

しかし、田中さんはそうせずに、日本人だけで会議の続きを行うことにしてしまった。日本人だけで価格を決めてアメリカ人従業員に伝えれば、アメリカ人は「われわれは意思決定から外された！」と文句を言うだろう。

❁ よりよい会議運営のための五つのヒント

　この会議例では、アメリカ人の行動も日本人の態度も理想的とは言えない。アメリカ人の方は、まとまった資料や情報を出さず、日本人の理解度を確かめないまま、ただただ散漫なディベートをした。日本人の方は、米国式話し合いには参加しにくいので、本当の話し合いは会議の後で、しかも日本人のみで行うことにした。双方とも十分なコミュニケーションをしていない。

　こういった、時間を浪費するばかりの会議を避けるにはどうすればよいのだろうか。次にヒントをいくつか挙げてみよう。

(1) 会議のリーダーを指名する (designate a leader)

　話を本筋から外れないように進め、大切な議題をすべてカバーするために、会議を管理するリーダーを一人指名しておくとよい。普通は最も地位の高い人、あるいは議題に最も詳しい人を指名する。前出の会議例では誰がリーダーか不明確だった。リーダーは、以下の(2)〜(5)を実行するとよい。

(2) 議題一覧 (agenda) を事前に配布する

　会議の前に議題一覧を配っておくと、全員が前もって会議のために準備でき、同じ目的意識も持てる。会議の最中に議題一覧を参照すれば、話が大筋から外れることはないだろう。大人数の会議だけではなく、二者間での打ち合わせのような場合も、議題一覧は役に立つ。前出の会議例では議題一覧がなかった。

(3) 議事録 (minutes) を残す

　議事録を書く人を選んで、会議で報告されたこと、あるいは決まったことを記録してもらう。前出の会議例では、議事録を書く人もいなかったようだ。

(4) 会議開始の際にコメント (opening comments) してから、議題に入る

会議を始める際、リーダーは以下のことを説明するとよい。

A. 議題：この会議でどんなことを話し合うか
B. 目標：この会議でどんな目的を達成したいか
C. やり方：この会議はどんな手順と順序で進めていくか
D. 話の限度枠：議題に関係しているが、この会議では討論しないトピック

具体的には、このように会議を始めるとよいだろう。

▶ **The purpose of today's meeting is** to select a supplier for our new product.(A) We have received product information and price bids from 10 potential suppliers.(B) We will discuss the pros and cons of each supplier individually.(C) **This meeting is limited to** discussing the supplier selection. Other topics, such as our manufacturing process for the new product, **should be reserved for other occasions**.(D) （今日の会議の目的は新商品のためのサプライヤーを選ぶことです。発注候補10社から商品情報と見積もりをもらっています。1社ずつ、それぞれの強みと弱点を検討しましょう。この会議ではサプライヤーの選出についてのみ話し合いますので、新商品の生産過程などについては別の機会に回します）

(5) 会議で話し合ったことについて、まとめ (summary) を必ず述べる

会議終了時、リーダーは下記のことを述べて皆に確認する。

A. 何が達成されたか
B. 決めたことのリスト

C. 各参加者のタスクの再確認
D. 行動の締め切りの確認
E. 次の会議の日時の決定

▶ I think we got a lot done in our meeting today.(A) We decided on the supplier for the new part, and we clarified the development schedule.(B) To confirm our follow-up items, Tanaka-san is going to give everyone a copy of the final spec, Elizabeth is going to contact the supplier we selected, and John is going to contact the suppliers we did not select.(C) Everyone has agreed to complete their tasks by the end of the day tomorrow.(D) Finally, let's set the date for our next meeting. Does anyone have any suggestions?(E) (今日の会議では、多くのことがまとまったと思います。新しい部品のためのサプライヤーを選びましたし、開発のスケジュールを明確にしました。フォローアップの項目を確認しますと、田中さんは皆に最終のスペックを配り、エリザベスさんは私たちが決めたサプライヤーに連絡します。そして、ジョンさんは選ばれなかったサプライヤーに連絡します。私たちは、明日の終業時間までにそれらのフォローアップを終わらせることにしました。最後に、次の会議の日程を決めましょう。どなたか何かご提案はありませんか？)

以上のようなステップをきちんと踏まえれば、会議における意思の疎通はかなりうまく図れるはずだ。

Chapter 2_ こんな日本人と日本企業もコマリマス……

まとめ 19

☑ 実りある会議のために、まず会議のリーダーを指名しよう。

☑ 前もって議題一覧を配っておこう。

☑ 議事録を取ろう。

☑ 会議を開始する際には、リーダーから、「議題」「目標」「やり方」「話の限度枠」について話そう。

☑ 会議を終了する際には、リーダーが、「何が達成されたか」「決めたことのリスト」「各参加者のタスクの再確認」「行動の締め切りの確認」「次の会議の日時の決定」を述べて、会議のメンバーに確認しよう。

アメリカ人との会議で
口を挟む術

　アメリカ人との会議は、ペースが速いし、ノンネイティブ・スピーカーにはわかりにくい英語もたくさん使うし、何しろ皆よくしゃべるので、なかなかついていけないと感じる人も多いのではないだろうか。しかし、「自分もどうしても一言いいたい！」という時には、「言葉の激流」に飛び込んで、全員の目と耳を向けさせよう。ここでは、そんな切羽詰まった場面で使えるフレーズをいくつか紹介する。

会議を中断してもらう
まずは皆の目をあなたに向けさせよう

Can we stop here for a moment? I'd like to point something out.

（ここで会話をしばらくストップしてもいいですか。指摘したいことがあります）

May I interrupt for a moment?

（ちょっと口を挟んでもいいですか）

Is it OK for me to stop the conversation for a moment?

（会話をしばらく中断させてもいいですか）

Can we take a time out here?

（ここで時間をいただいてもいいですか［アメリカン・フットボールなどで使う「タイムアウト」のジェスチャー――両手でT字を作る――をしながら言うと、ちょっとしたユーモアのセンスを見せつつ、皆の注目を集めることができる］）

会話のスピードが速過ぎることを伝える
相手にあなたの苦境を説明しよう

You may not realize it, but you're all talking really fast. It's hard for me to follow.

（お気づきではないかもしれませんが、皆さんがとても早口なので、私は会話についていくのが厳しいです）

The fast pace of this conversation makes it difficult for nonnative speakers like myself to follow you.

(この会話のペースは、私のようなノンネイティブ・スピーカーにはとてもついていけません)

I'm losing track of the conversation. Can we go over what was just said?

(会話の流れを見失ってしまいました。先ほどの話の内容をもう一度繰り返していただけませんか)

I'm having trouble keeping up. Could we slow down a bit?

(スピードについていけません。少しペースを落としてもらえませんか)

個人的な意見だということを前置きする
これであなたが責任をとらされる心配はない！

This is just my personal opinion, but ...

(これは個人的な意見ですが、〜)

Because I haven't discussed this with the head office, I can't give any final answer, but personally, my initial impression is that ....

(まだ本社と相談していないので最終的な答えは出せませんが、私個人の第一印象は、〜)

I'd like to get back to you after I find out how the others in my group feel about it, but my individual opinion is ...

(部内の他のメンバーの意見を聞いてからまた報告したいと思いますが、私の個人的な見解としては、〜)

I'm not sure what the others in my group would think about this, but personally, my reaction is ...

(部内の他のメンバーがどう考えるかは定かでありませんが、私個人の意見としては、〜)

日本語を話したがる日本人

アメリカ人に不安を抱かせないために日本人ができること

> アメリカ人従業員三人と日本人従業員三人が英語で会議をしている。途中で一人の日本人が「ちょっといいですか」と他の日本人に向かって日本語で話し始め、10分が経過。アメリカ人はとても不快そうな顔をしていて、会議の後には彼らの文句が聞こえてきた。

❀ 悪いのはどっちだ？

このようなケースは在米日系企業でよく起こるが、日本人とアメリカ人の言い分はかなり違う。

日本人は、会議の中で日本語を使うのは望ましくないが仕方ないと考える傾向がある。その上、大切な細部を確かめるためには、日本語で話す方が安心だという意見を持つ日本人も多い。

一方、多くのアメリカ人は、日本人が突然日本語で話しだすと、失礼だ、あるいは、悪くすれば秘密主義的だと感じる。アメリカ人は外国人に対し、米国では英語を話すべきだという気持ちを強く持っているからだ。また、前にも書いたように、アメリカ人の大半は外国語をしっかり学んだことがないので、母国語ではない言葉を実際に使う難しさを経験したことがない。

さらに日系企業の場合、日本人とアメリカ人の組織内部における

力の均衡差（difference in organizational power）が問題になる。職位が高くて、本社からの電話やメールなどを受けている日本人は、アメリカ人の目には大きな権限を持っているように映る。自分が情報の流れや意思決定プロセスから常に疎外されていると感じるアメリカ人従業員も少なくない。会社が何らかの対策を立てないと、彼らは被害妄想（paranoia）に陥ってしまう危険性がある。

例えば今回のようなことが起こると、**日本人は何か秘密の情報やアメリカ人の悪口、要するにアメリカ人の耳に入れたくない話を隠すためにわざと日本語で話しているのだと、多くのアメリカ人が解釈してしまう。**彼らを安心させながら、しかも会議を効率よく進めるためにはどんな対策があるのだろうか。

一つには、言うまでもないが、日本人の英語能力を向上させることが挙げられる。個人の努力に任せるのではなく、会社での研修など、正式な形で各駐在員に対して英語レッスンの機会を与えるべきである。

レッスンに参加する時間のない人のために、会社から英語の教材を提供するのも有効である。またその一方で、アメリカ人従業員に日本語を勉強する機会を与えることも有効だ（詳しくは171ページ、Chapter 2の26を参照）。

週2、3回のレッスンだけでアメリカ人が日本語を商用に使えるようになることはもちろん期待できない。だが、会社の方から日本語のクラスを提供したり、外部機関（大学など）の受講料を補助したりすれば、多くのメリットがある。

まず、母国語ではない英語で話そうとする日本人の努力に共感できるようになる。また、日本人の発音や、発想のパターンに慣れることもできる。そして、日本語をただぼんやり聞くのではなく、興

味を持って接しようとするようになる。何よりも、日本語レッスンを提供することで、日本語は「秘密の言葉」ではない、という会社の姿勢を見せることができる。

🌸 今日からできる「日本語対策」

双方の語学力の向上は長期的な対策であるが、すぐに実行できることとして以下が挙げられる。

◉日本語を使わなければならない理由を事前に説明する

どうしても日本語を使わなければならない理由があるのであれば、英語から日本語に切り替える前に、なぜ日本語を使う必要があるのかを説明すればよい。

▶ This is a new concept that is difficult for us, so **I want to make sure that we all understand correctly**. (この新しいコンセプトは、私たちにとって理解しにくいものですので、皆が正確に理解しているか、確認したいと思います)

▶ Let me explain this concept to everyone in Japanese. (皆さんにこのコンセプトを日本語で説明してみます)

のように一言述べてから、日本語で話す。Excuse us, but ... (すみませんが) や We don't mean to be rude, but ... (失礼なことをするつもりはないのですが) といった一言を入れれば、より丁寧になる。

◉日本語の部分を短縮する

日本語の会話が10分も続くのは長すぎるだろう。**必要なことだけ**

を日本語で話して、できるだけ早く英語に戻すのが望ましい。

●日本語の会話の中に英語を入れる
　日本語で会話をしている間に、英語の単語（特に名詞）を混ぜれば、同席しているアメリカ人も話題が何となくわかるので安心する。

●日本語の会話が終わった後に、その内容を英語で説明する
　特に何か大切な情報や決定した事項があるなら、それを同席しているアメリカ人に知らせるのは必須である。

●質問は直接アメリカ人にする
　英語の会話の途中でわからない点が出てきたら、できるだけアメリカ人に質問して確認するようにする。そうすれば日本語の会話にならないし、アメリカ人にも質問の理由がわかる。

　質問や疑問点が生じる理由として、実は、アメリカ人の話し方自体が問題になっている場合も多い。早口で話したり、口語や専門用語をたくさん使ったり、論理的でなくだらだらと話したりすることで日本人を混乱させることがあるからだ。もちろん彼らは意図的にそうしているのではない。ただ英語を母国語にしない人と話すことに慣れていないのである。

　日本人の方から、彼らの話し方で改善できるポイントがあれば指摘するのが望ましい。アメリカ人にもっとわかりやすく話すように依頼することで、自分の話があまり明快ではないと意識してもらうとよい。Please slow down.（もっとゆっくり話してください）やPlease speak more simply.（もっとシンプルに話してください）と言ったりするのに抵抗感を覚える人もいるかもしれないが、勇気を出して言うことをお勧めする。

●アメリカ人から事前に書類を渡してもらう

アメリカ人は情報や意見の発表を会議まで待つ習慣があるが、**会議の書類と参考資料が事前に日本人参加者に渡っていれば、非常に役立つ**。日本人がそれを使って準備しておけば、会議の場で突然難しい単語やコンセプトに出合っても当惑せずにすむからだ（他のアメリカ人参加者にとっても事前に資料を配布するのは役に立つだろう）。

●会議で日本語を使ったら、軽いペナルティを与える

日本人に十分な英語力があるのに、アメリカ人のいる会議で日本語を使ってしまうことがある。それが努力の欠如であれば、次の対策は適切かもしれない。会議ではすべて、英語で話すという規則を決めるのだ。

本当に皆が守らなければならない規則であることを示すために、オフィスのトップが指示を出すとよい。**そして誰かが会議で日本語を使うたび、社内のパーティー用基金に25セント〜1ドルぐらいを寄付させるようにするのである**（そのためのコップを会議室の卓上に置いておけば、常にその規則を思い出せるだろう）。

厳しすぎるように聞こえるかもしれないが、財布に直接響くとなると、人間は行動を変えるものである。同じく、口語や難しい言葉を使うアメリカ人にも、同じペナルティを科すことも考えられる。

まとめ 20

☑ 特に在米日系企業で起こりがちなケースだが、会議の途中で日本語を使われることに対して、アメリカ人は不快に感じる場合が多い。アメリカ人の耳に入れたくない話を、わざと日本語で話しているのでは、と解釈されてしまう。

☑ 日本人は英語能力を、アメリカ人は日本語能力を向上させる。個人の努力に任せるのではなく、正式な形で語学レッスンなどの機会を設けるべき。

☑ どうしても会議で日本語を使う必要がある場合は、①理由を事前に説明する、②日本語で話す時間を短めに、③日本語の会話の中に英語（特に名詞）を混ぜる、④日本語の会話の後に、英語で説明する、⑤質問はアメリカ人にする──に留意する。

すぐ異動してしまう日本人

日本人はなかなか相手を信用しない国民だった！

? 自分の下で長年働いていたアメリカ人従業員が、ふと、こんなことが心配だと打ち明ける——「数年をかけて、私たちは信頼関係を築いてきました。このことをとてもうれしく思っています。しかし、あなたはずっとアメリカにいるわけではなく、いつか日本に戻らなければならないでしょう。その時、次の赴任者との人間関係を一から築かなければならないのが残念です」とのこと。言われたとおり、自分の帰国はたぶん来年あたりになりそうだ。こうした部下の懸念にはどう答えればいいだろうか？

❀ 欧州系企業よりも日系企業の方が問題の根が深い！

　在米の日系企業で長く働くアメリカ人が抱く不満の一つに、一緒に働く駐在員（特に直属の上司）が異動するたび、一から信頼関係を築き直さなければならなくなる、ということがある。

　「せっかく努力して、私の能力を上司にわかってもらい、仕事を任せられるようになったのに、次の駐在員が来るとまたゼロから人間関係がスタートする。また試験期間が始まるようで、とてもいやです」「どうしてこの組織は、私の長年の業績を記憶しておいてくれないのでしょうか。新しい駐在員が来るたびに、私は新入社員の状況に戻ってしまいます。数年ごとにこのサイクルを繰り返すのは非常に疲れます」といった声をよく聞く。

もちろん、どの国の多国籍企業でも、駐在員は定期的に入れ替わる。したがって、そこから生じる現地人従業員の不安は、どこでも同じはずである。しかし日本企業の場合、問題はより深刻になる。

なぜなら、欧米企業に比べ、日本企業は母国から赴任してきた駐在員の比率がはるかに高いため、駐在員の入れ替えが組織に与える影響が大きいからだ。さらに、日本文化の特徴として、信頼関係を築くためにかなりの時間を要する、ということもある。

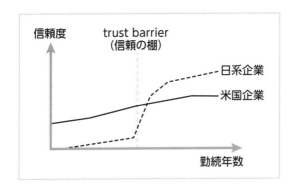

これは、日系企業と米国企業の信頼度の築き方を示すグラフで、私が考案したものだ。アメリカ人は最初からかなり相手を信頼し、仕事を任せる。

しかし、**日本人の場合、最初はあまり相手に任せずに、「試験期間」を設け、実績を見て相手の能力と態度を測ろうとする。相手に関して十分な情報を得たら、trust barrier（信頼の柵）を越えて一挙にドンと任せるようになる。**

しかし、そうなるまでにはかなり時間がかかる――数カ月、あるいは数年間。アメリカ人従業員はこの試験期間に慣れていないので、非常につらく感じる。自分の仕事は評価されていない、自分は一人

前の従業員として認められていない、自分の過去の努力は無視されている——そう解釈してしまうのだ。この状態が数年おきに繰り返し起これば、なおさら不快に感じる。

🌸 信頼関係を手早く築く方法

なぜアメリカ人や米国企業は、最初から相手を信頼できるのだろうか。実は次のような手段を利用するからなのだ。日系企業もこの方法を利用すれば、長引く試験期間を短縮することができる。

●ジョブ・ディスクリプション（職務記述書）で仕事内容を明確に

ポストごとに用意し、各人の仕事内容を明確に規定する。これがあると、駐在員が代わっても、新しい駐在員は各人の仕事をすぐ把握できるので、誤解が生じにくい。

●厳密なコントロール

米国企業はコントロール（数字による従業員の実績の確認、社内審査によるチェックなど）を厳密に行うため、従業員に任せた仕事で問題が起これば、すぐに見つけられる。

●各人の目標を立て、その達成度を見る

査定制度の一環として具体的な目標を与え、それを達成したかどうかを見ることで、各従業員の担当範囲を明確にする。目標がきちんと設定されていれば、新しい駐在員が来ても、あらためて新しい目標を立て直す必要はない。また、各従業員の過去の目標達成度の記録を残しておけば、新しい駐在員は一目で各人の実績を把握できる。

●ポリシー(企業方針)を活用する

　米国企業はポリシー(企業方針)を社内ルールとして積極的に利用する。そのために、従業員手引き(従業員マニュアル)は不可欠である。

　さらに、多くの米国企業はマネージャー用Policy Manual(ポリシー・マニュアル)を用意している。その中には、マネージャーが直面する可能性のある、ありとあらゆる難題への対応法が書いてあるのだ――社員採用のように頻繁に発生することから、通常は起こらないと思われている未曾有の事件に対する危機管理についても。マネージャー全員がこのマニュアルに従わなければならないので、誰がマネージャーになっても、判断基準が揺るがないという利点がある。

●手続きの記録をとる

　上から下へと下ろす「ポリシー」と違って、work procedures(手続き)は現場で作るものである。仕事を担当している人はそのやり方(自分が使っている方法)をdocumentation(文書化)すれば役に立つ。また、そういった記録があると、新任の上司はその人がやっていることをすぐ理解できる。その仕事をしている人が辞めた時、あるいは何らかの他の理由のためにいなくなった場合にも、後任者はその仕事をどうやって進めば良いかをすぐに把握できる。

　こういった制度があるからこそ、アメリカ人は他人にすぐ仕事を任せられる。ただし、145ページのグラフのように、時間が経っても相手への「信頼」はそれほど高くならない。**日本の場合は一度信頼すれば丸ごと任せるが、米国の場合には、どこかできちんと手綱を握っているわけだ。**

組織記憶を増やす

今回のケースのような問題を、アメリカではinstitutional memory（組織記憶）の不足と呼ぶ。**組織記憶というのは、ある個人の滞在・在社期間を越えて組織が保持する知識のことだ。駐在員が入れ代わるたびに、ある従業員の情報がなくなるのは、組織記憶が足りない状態である。**この組織記憶を増やすためには、以下の方法が挙げられる。

●引き継ぎは不可欠！

異動時は多忙で、引き継ぎを十分行うのが難しいかもしれないが、これは不可欠である。特に、新しく赴任する駐在員には、部下になるアメリカ人の資質やバックグラウンド、今までの実績と貢献度、ウィークポイントや秀でた点などを徹底的に伝えるべきだ。

●親会社における現地従業員の知名度アップを図る

現地従業員に日本の親会社と直接連絡をとってもらったり、出張してもらったり、あるいは逆出向で一定期間（例えば6週間～2年間）親会社に勤務してもらうことによって、日本にいる社員にも顔を覚えてもらうようにする。

アメリカ人従業員が日本企業で成功するためには、こうした社内的なコネクションと評判を構築することが重要なのだ。駐在員はそれをサポートしていくべきだろう。これには、もちろんお金がかかるかもしれないが、アメリカ人従業員も社内の人材として活用していくためには、非常に大切な投資だ。

Chapter 2_ こんな日本人と日本企業もコマリマス……

まとめ 21

- ☑ 日本人とアメリカ人では、信頼の築き方のパターンが異なる。アメリカ人が最初からかなり相手を信頼して仕事を任せるのに対し、日本人は最初からあまり相手に任せずに、「試験期間」を設け、実績を見ようとする。

- ☑ 日本人駐在員を上司に持つアメリカ人は、数年かけて実力を認めてもらったと思った頃に上司が代わり、また一から信頼関係を築かねばならないため、ストレスがたまりがち。

- ☑ 「試験期間」に慣れないアメリカ人のために、なるべく早く信頼関係を作る方法を取ることも考えたい。そのために役立つのは、①ジョブ・ディスクリプション（職務記述書）、②厳密なコントロール、③目標の達成度を見る、④ポリシー（企業方針）の活用、⑤手続きの文書化。

- ☑ 組織記憶を増やそう。

実現できない目標を立てたがる日本人

目標到達の「過程」を見る日本人と「結果」を見るアメリカ人

> 次年度の目標設定を行う時、日本人マネージャーとアメリカ人との間に摩擦が生じる。日本人は高い目標を掲げたがるが、アメリカ人はそれに抵抗し、「そんな目標は明らかに達成不可能なので、意味がない」などと文句を言う。しかし日本人は、目標を高く設定しなければ、従業員が最大限の努力をしないのではないかと懸念する。両サイドが納得できる目標をどうやって決めればよいのだろうか。

❀ なぜアメリカ人は、高い目標設定をいやがるのか？

　この問題の背景には、日本人とアメリカ人の査定の考え方の違いがある。日本の場合、部下に刺激を与えて努力してもらうため、非常に厳しい目標を作る。かなり達成しにくく、不可能に近いものかもしれないが、査定の際には目標を達成したかどうかでなく、目標に対しどんな態度や方法で努力したか、つまり、目標に向けての過程を評価する。したがって、目標を達成しなくても高く評価されることは可能である。

　しかし米国では、目標を達成したかどうかで部下を評価する。態度や方法を大切にする日本のprocess-oriented（過程重視）ではなく、results-oriented（結果重視）なのだ。**目標を達成しなかったら、自分の評価が下がると思っているので、アメリカ人は高すぎ**

る目標を避けたがる。**不可能に近いと思われるような目標は、明らかに自分にとって不利だと感じるのだ。**

また、米国では最近、performance-based compensation（実績を反映した報酬）というものがトレンドだ。これは実績（査定表に書いてある評価）を直接、報酬（昇給率やボーナス額）に反映させる方法。当然、実績を正確に、客観的に測る必要があり、結果として多くの企業が個人のobjectives（目標）の設定を、以前より重要視するようになった（例えば、査定表に目標を明記する、あるいは配点を大きくするなど）。

このperformance-based compensationは、個人の動機と会社の利益・目標をうまくalign（一致）させるボーナス支給方法で、日本国内やヨーロッパの企業もどんどん取り入れているようだ。

また、中間管理職以上の層では、報酬のかなりの部分が目標達成度と連動して決まる場合が多い。したがって、設定する目標が本当に達成可能かどうかについて関心を持っていないアメリカ人はいないだろう。自分の財布に直接響いてくるからだ。

などと言うと、アメリカ人は会社の利益ではなく、自分のお金のことばかりを考えているように思われるだろう。もちろんそればかりではないのだが、このような報酬制度があるため、アメリカ人が日本人より自分の取り分への影響を強く意識することは確かだ。

とは言え、アメリカ人自身も簡単に達成できてしまう、無意味な目標は設定したくない。**アメリカ人が求めているのはrealistic（現実的）な目標だ。**現実的な目標なら、努力は必要だが、達成することが十分可能である。査定の対象になる目標を設定する際には、こういったrealisticなものを選ぶようお勧めしたい。

🌸 「筋肉を伸ばす」目標とは？

しかし、現実的な目標だけでは、日本人の方の気がすまないだろう。「アメリカ人はこのrealisticな目標を達成すれば、それ以上努力しないのではないか」というような疑問がわいて来る。この対策として、私は以下を推奨したい：

(1) まずはrealisticな目標を設定し、それを査定制度に利用する。要するにこれが、制度上official（正式）な目標になる。

(2) 次に、チャレンジングで非常に難しい目標を作る。これは日本人が好むタイプのものだ。この目標を設定することによって、能力を最大限に発揮し、高い所を目指してほしいことをアメリカ人従業員に伝える。

米国では、(2)のような目標をstretch goalsと呼んでいる──「筋肉を stretch（伸ばす）」する必要があるからだ。このstretch goalsは査定制度には使わず、会社の希望を示すものとして提示すればよいだろう。

もっと米国的にやりたければ、realisticな目標を超えてstretch goalsも達成すれば、追加ボーナスを支給するという方法も考えられる。こうした制度は、stretch goalsを設けるための具体的な動機になる。馬の目の前にニンジンをぶらさげるのと同じだ。米国では、従業員の努力を引き出したかったら、どんなreward（報酬）が手に入るのかを具体的に示すことが効果的なのだ。

🌸 制度はよくても、施行する人が悪いと……

最近、私の会社の顧客である在米日系企業の多くは、米国のトレ

ンドに従ってperformance management（実績主義による管理）制度を取り入れている。

しかし、このような制度を導入しても、それを使う日本人マネージャーが米国における目標設定や評価、査定面接の仕方などをよく知らないと、効果を実現できない。また日本人マネージャーとアメリカ人部下の、制度の施行に関する理解が異なっている場合にも、誤解や衝突が起こりやすい。performance management制度を企業に導入する際には、日本人マネージャーに制度の施行方法についてトレーニングを行うことが不可欠だろう。

まとめ 22

- ☑ 日本人は常に高い目標を設定したがり、アメリカ人はそれをいやがる。
- ☑ 日本人とアメリカ人では、査定に対する考え方が違う。日本人は目標到達までの「過程」を見る。アメリカ人は目標を達成したかという「結果」を見る。
- ☑ アメリカ人に対しては、努力が必要だが、達成することが十分可能な「現実的な目標」を設定すべし。その上で、チャレンジングで難しい目標を設定するとよい。

23 ミステリアスな日本人

大切なのはお互いの歩み寄り

 顧客に対して異文化セミナーを行う際、私はよく冒頭で、「アメリカ人の間では、日本人は『ミステリアス』だと思われている」という話をする。そうすると、アメリカ人の聴衆からは「私もそう思う」という声が上がる。一方、日本人の聴衆は相当数が驚いた顔をしていて、中には苦笑する人もいる。自分たちがミステリアスだと思われているなどとは、思いもよらないようだ。

❀「話さなくても通じる」ことに安住していませんか？

実際、ビジネスで日本人とつきあう機会の多いアメリカ人から、「日本人はわかりにくい」という声をよく聞く。「何を考えているのかさっぱりわからない」「何を期待しているのか明快ではない」「もっと説明してほしい」など。

そればかりか、日本人についてclosed（心を開かない）、secretive（秘密主義）、not openly sharing information（情報をわかちあおうとしない）、It seems like they are hiding something.（何かを隠そうとしているみたいだ）とまで言う人もいる。なぜこのような偏見が生じるのだろうか。

これは、簡単に言えば、アメリカ人同士でビジネスをする場合に察知し合える「信号」が、日本人からは発信されないからである。ア

メリカ人にとって日本人の「行間」は読みにくく（解読しにくく）、この「あいまいさ」が不安やストレスにつながるのである。

　日本人とアメリカ人の間で、なぜ信号が伝わりにくいのか。言語の違い以上に大きな原因となるのは、コミュニケーション方法の違いである。

　これを説明する際に、異文化論の学者は「コンテクスト」という言葉を使う。コンテクストとは、伝えるべき事柄の背景知識のことで、コミュニケーションをしている相互間に共通する背景と情報である。コンテクストが多ければ、非常に効率的にコミュニケーションができる。ちょっとした一言で意味が通じるからだ。「一を言えば十わかる」という表現があるが、コンテクストはこの言わずに理解される「九」の部分に当たると考えるとよい。

日本ではコンテクストは言葉でなく、非言語的な方法で伝わる（＝以心伝心）。それとは対照的に、英語ではコンテクストを明確に、豊富な言葉で伝える必要がある。コミュニケーションを達成するためには、よりたくさんの言葉を使い、より細かい説明が必要となる。

　この違いが日米コミュニケーション問題の核である。では、なぜ日本はコンテクストを言葉で伝えなくてもいい社会なのだろうか。それには複数の理由がある。

●**同質性の高い社会**
　日本の歴史と社会の構造には、かなりの同質性がある。移民が少ないため、日本人の大部分が似通った歴史を背景に持ち、**日本政府の中央集権化の結果として、社会の枠組みが全国統一されている。地方の自主性は低く、地域の独自性が少ない。**

　例えば、教育カリキュラムを考えた場合、北海道の小学1年生と

沖縄の小学1年生はほとんど同じことを学校で学ぶ。

一方、米国は移民で構成された国であり、各人がある程度異なった伝統や習慣を持っている。政治の面では、州によって法律が違い、州ごとにさまざまな地方文化が形成されている。

教育の面でも、統一された教材などは少なく、地域によって、そして各教師の創造性や学長の教育哲学によって、教える内容はかなり異なる。

こうした結果、同質性の高い日本人同士が話す場合には、共通のコンテクストを多く持つので、言葉で言い表さない部分が増えることになる（高コンテクスト文化）。

一方、米国の場合、さまざまなサブカルチャー（異なる文化的特徴を持つグループ）が存在するので、共通のコンテクストは比較的少ない。したがって、アメリカ人同士で話をする時はより明確な説明が重要となる（低コンテクスト文化）。

●関係が長期にわたること

一般的に、日本企業では雇用主と従業員、サプライヤーと客、従業員同士などの人間関係が比較的長く続く（最近はリストラなどでどんどん担当者が変わる会社もあるが、それでも米国に比べれば、比較的関係は長く続く方だ）。長くつき合えばお互いの理解は深まり、共有してきた歴史に基づく知識（＝彼らの間のコンテクスト）が生じるので、コミュニケーションが省略されても十分意味が通じるようになる。

例えば、長い間一緒に働いた人同士なら、ちょっとした声のトーンの違いだけで相手のムードを読み取ることができる。お互いに共通のコンテクストを持つ者同士のコミュニケーションにおいては、言

葉は少なくてよい。企業レベルでは、皆が同じ会社で長く働くため、社外の人が理解できない社内用語（省略された部の呼び方、商品に関する専門用語など）が生まれる。

これに対して、米国社会は流動性が非常に高い。統計結果を見ても、アメリカ人は職業のみならず、住居の移転も頻繁だ。そのため**アメリカ人は、なじみのない関係の中で明確な意思表示をし、連携しながら仕事を進める必要にしばしば迫られる。**

自分の物差しで相手の文化を測るなかれ

前述のように、日本は高コンテクスト文化を持つ国だが、日常コミュニケーションの中で、それはどのような形で現れるのだろう。

第一に、日本人はアメリカ人に比べ、言葉以外のコミュニケーションを頻繁に用いる。つまり、先ほども触れたように、日本人同士で話をする場合には、動作や声のトーン、顔の表情などが重要な情報伝達方法となる。

日本社会においては、こうした非言語的な信号が、話し手の意思を十分に伝えるだろうと期待する。そして、それを受け取れない人は「察しが悪い」と思われてしまう。しかし、アメリカ人はそれほど非言語的コミュニケーションを用いず、仮に用いる場合でも、日本人とは違った動作や顔の表情を使うため、これが誤解の種となる。

私が日本人と仕事をして気づいたのは、日本人は好ましくないことを言われたとき、大きく息を吸い込んでスーッという音をたてることが多いということだ。同時に手のひらで顔や首の後ろを触ることもある。

日本人（あるいは日本人の行動様式を知っている外国人）であれ

ば、それを見て「あの提案はまずかった」、もしくは「不用意なことを言ってしまった」ということがわかるが、アメリカ人にはそんな音をたてる習慣はないので、日本人のこうした行動を奇妙に感じ、理解できない場合が多い。

そして前述のように、アメリカ人は、日本人を「率直ではない」「ミステリアスだ」と思い、日本人は、アメリカ人を「鈍感だ」「考えが浅い」と誤解し、お互いにフラストレーションを感じるのである。

しかし、**問題は自国の文化の尺度で相手を測ってしまうというところにある**。望ましいのは、お互いに違いを認め、ギャップを埋めるための対策を立てることである。では、このコンテクストに対してはどんな対策があるのだろうか。

まずは**日本人とビジネスをしているアメリカ人が、日本人の行動様式や日本のビジネス習慣をもっと理解することである**。そうすれば日本人をもっと上手に「読める」ようになる。例えば日系企業がアメリカ人従業員のために異文化トレーニング・セミナーを提供したりすれば、社内でのコミュニケーションはより円滑になるだろう。

一方、**日本人は、自分が考えていることを言葉で伝えられるように努力することが大切である**。常にアメリカ人従業員に対して、日本で必要とされているレベル以上の十分な説明を提供する習慣を身につける。会社の構造や方針に関して、できるだけ豊富な情報をアメリカ人従業員に教えることも望ましい。

要するに、アメリカ人に対して「一を言えば十わかる」を期待するのではなく、「九」の部分をできるだけ詳しく、言葉で伝達することが重要なのだ。こうした努力が、あなた自身を「ミステリアスな日本人」にする危険から解放するのである。

まとめ 23

☑ アメリカ人から見ると、日本人はしばしば「ミステリアス」だと思われている。その理由の一つに、コンテクスト（背景知識）が十分に伝わっていないことが挙げられる。

☑ 日本人は「高コンテクスト文化」を、アメリカ人は「低コンテクスト文化」を持っている。低コンテクスト文化の場合、理解を得るには、言語による詳細で明確な説明が必要。

☑ アメリカ人に対しては、会社の構造や方針に関して、できるだけ詳しく、十分な説明を行い、豊富な情報を明文化して提供するように心がける。

世間話のコツ

　職場でアメリカ人と世間話……「さて、いったい何の話をすればいい？」とお困りの人もいるのではないだろうか。アメリカ人とよい関係を築くためにも欠かせない、世間話のコツをご紹介。

まずは趣味に関するトピックがお勧め

　アメリカ人は常にポジティブであろうとするので、世間話に愚痴や不平不満を持ち込むのは禁物だ（「ポジティブ」は、いわばアメリカ社会における建前と言える）。職場の人と世間話をする際には、まずは**スポーツや映画、音楽などの趣味に関するトピックを選ぶ**とよい。

Have you seen any good movies lately?
　　　（最近、何かいい映画を見ましたか？）

や、

Are you a baseball fan?
　　　（野球は好きですか？）

などは当たり障りがなく、会話の良いきっかけになる。そこから会話が発展して、より親しい関係が築けるかもしれない。

家族の話はダメ!?

　また、「**アメリカ人は、一般的に家族についてはあまり話したがらない**」と思っておけば間違いない。日本人の感覚からすれば、親しくなった同僚とお互いの家族の話をするのは、ごく自然なことかもしれない。しかし、アメリカ人は、職場で自分の家族について話すことに抵抗がない人と、職場では話すべきではないと考える人などさまざまだ。これは恋愛、結婚、子供の有無など、仕事以外の事柄全般についても同様だ。

もしも、自分自身が家族について聞かれて構わないというタイプであれば、自分からどんどん家族の話をして、相手にとって話しやすい雰囲気を作るのもいいだろう。例えば、

My mother is coming to visit this weekend.
　　　(今週末、母が訪ねて来ます)

とか、

My wife and I are taking tennis lessons together.
　　　(妻と一緒にテニスのレッスンに通っています)

といったように。日本人は外国人と話す時に、相手を質問攻めにして困らせることが多いといわれる(意外と思われるかもしれないが)。そうした悪しきパターンを避けるためにも、自分の話から始めるのはお勧めだ。ただ、どんなに親しくなったとしても、プライベートな話題を決して共有したがらないアメリカ人も少なからずいる、ということを覚えておきたい。

身内の愚痴はNG！

　お互いの家族の話をできる間柄になったとしても、注意したい点がある。**アメリカ人は、基本的には身内を悪く言う習慣がない**。また、冒頭で述べたとおり、愚痴や不平不満を言ったり、ポジティブでないことを口にしたりすることは、アメリカ社会では嫌われる。だから、たとえ姑に対する愚痴があったとしても、それはアメリカ人の同僚に漏らすべきではない。もしあなたが本当に、姑とうまくいかずに悩んでいて、助けてほしいのであれば、

Do you mind if I ask your advice about a personal problem?
　　　(個人的な問題について、アドバイスを頂けませんか？)

と聞いてみる手はある。そうでなければ、自分の身内に関する不満といった話題は、アメリカ人に対して、そもそも世間話のテーマとして持ち出さない方がよいのである。

早く決められない日本人

アメリカ人がバグだらけのソフトを売る理由がわかった！

?「この会社では、意思決定になぜこんなに時間がかかるのだろうか。われわれが話している間にも、競争相手はどんどん先に進んでいる。なぜもっと早く行動できないのか」。日系企業で働くアメリカ人従業員のこういった発言を頻繁に耳にする。日本的な意思決定プロセスに接すると、アメリカ人はよくこのようないらだちを感じるようだ。一方でアメリカ人と一緒に働く日本人も、相手の意思決定方法に対して不満を持っている。「彼らは企画段階を飛ばしてすぐ実施したいようだ。もっと念入りに企画を立てれば、間違いも避けられて、最終的にはよりよいものになるのに」と。

❀ ソフト開発に見られる、アメリカ人の意思決定方法

この対立の構図は、アメリカ人と日本人の意思決定に関する時間感覚の違いを表している。アメリカ人は早い行動を好む。リスクを恐れないので、情報が不十分でも決断できる（これは、よい時には変化する状況に早急に対応する能力につながるが、悪い時には、準備不足ということになる）。意思決定して、個人あるいは組織が動き出してから、決定事項の微調整とブラッシュアップを行う。

もしこの段階で間違いがあったとしても、それは「いい勉強」になったと考えればよいし、決定事項が絶対というわけではないので、動き出した後でも調整可能である。ただし、こういった実践重視の

やり方は、望む結果が出るまでにかなり時間がかかるかもしれない。

アメリカ人の創造性の産物であるソフトウエア産業界は、このアメリカ的な意思決定のプロセスを十二分に反映している。欠点(bug)だらけの新しいソフトウエアをどんどん発売して、問題が発生したら随時修正していくというやり方だ。

一方、アメリカ人と比べて日本人は、決断をする前により多くの時間と情報を必要とする。日本人はアメリカ人に比べるとリスクを嫌い、間違いをより深刻に受けとめる。最初のトライで成功する可能性を高くするため、時間をかけて情報を収集し、分析、計画、チェックなどに力を入れる。

日本人の意思決定に時間がかかるもう一つの理由として、根回し(consensus-building)が必要だということが挙げられる。根回しを行うことで、その決定事項の影響を受ける人が全員（あるいは少なくない数の代表）が決断のプロセスに参加できるようにし、同時に、決断の前に関係情報が周知される。

この段階では時間がかかるが、最終的には、決定事項を早く実施できることになる。根回しをすることで、課題がすべて事前に検討され、あらかじめ解決されるからだ。

結局はどちらもかかる時間は同じ？

最終的には、アメリカ人と日本人は、ほぼ同じくらいの時間をかけて仕事をしていると言えよう。ただ、アメリカ人は実施・調整に時間をかけ、日本人は情報収集・根回しに時間を費やす。スタイルが異なるのだ。

しかし、日本人とアメリカ人が一緒に仕事をする際、この違いが

摩擦の原因になる。日本人が情報収集とディスカッションに時間をかけるとアメリカ人はいらいらするし、逆にアメリカ人が「とりあえずやってみよう」とすると、日本人は納得できない。また、両方のやり方が合わないため、時間と手間がずっとかかってしまうようなこともよくある。

日本人とアメリカ人が効果的に一緒に仕事をするには、お互いに自分の決断方法が相手にどう見られているのかを意識する必要があるだろう。アメリカ的に意思決断のプロセスをスピードアップしたいのなら、アメリカ人は日本人にもっと詳細な情報を提供し、もっと早い段階で根回しをして、考えられる質問への答えを用意しておくべきだ。日本人は、意思決定に必要な情報を明確に定義し、試験的導入をした方が適切な場合も多いことを頭に入れておくべきだろう。

まとめ 24

☑ 日本人とアメリカ人の意思決定に関する時間感覚の違いを押さえておきたい。アメリカ人はリスクを恐れず、早い行動を好む。一方、日本人はリスクを嫌う。十分に時間をかけ、情報を集めたうえで決断する。

☑ 日米の意思決定のプロセスの違いを把握し、多くのディスカッションを通じて、互いに歩み寄ることが必要。

Chapter 2_こんな日本人と日本企業もコマリマス……

何でも「至急」扱いに したがる日本人

仕事に優先順位をつけることの重要性

? 米国駐在中のある日本人マネージャーによれば、アメリカ人従業員は急ぎの仕事を頼んでも、あまり危機感を持って対応してくれないとのこと。例えば、次の日までに必ずやってほしいと言っても、夜はすでに予定があるということで、午後5時に帰ってしまう。あるいは、急いでほしいと伝えても、急ごうとしない。なぜ「至急」の案件にアメリカ人は対応しないのだろうか。

　上記のケースは極端かもしれないが、アメリカ人と一緒に働く日本人駐在員の多くは似たような印象を持っているようだ。もちろん、その従業員がそれほど優秀ではない、つまり単にパフォーマンスの低さの問題だ、ということも十分考えられる。

　しかし、日本人側にも責任がないとは言えないのではないだろうか。仕事をしないアメリカ人のために言い訳をするつもりはないが、「至急」と言われてもあまり動こうとしない従業員がどんな感情を抱いているか知ることは、みなさんの仕事の参考になると思う。

❀「正当な依頼」でなければ従いません！

　ところで、アメリカで働く駐在員はよく、日本人は計画的だが、アメリカ人には計画性がない、ということを口にする。しかし、あるアメリカ人によれば、日本人こそ計画性が足りないのだと言う。私

が以前行ったセミナーで、あるアメリカ人社員がこのように語った。

「この会社で働いているわれわれアメリカ人は皆プロフェッショナルで、本当に至急の仕事であれば残業もいといません。しかし、非常に気になるのは、金曜日締め切りの仕事が月曜日に部に通達されたのに、それをいつまでも言わず、木曜日にアメリカ人に依頼する、といったケースです。これは、思いやりの欠如であり、腹立たしいことです」。この発言に対しては、その場に居合わせた他のアメリカ人参加者からも、同意の声が上がった。

ではなぜ、こういったことが起こるのだろうか？　理由の一つとして、駐在員が一緒に働いているアメリカ人と十分にコミュニケーションをとっていないということが考えられる。駐在員があまりにも忙しすぎて、アメリカ人に依頼するのをうっかり忘れてしまったのかもしれない。

さらに、実は駐在員がその締め切りについて事前に知らなかった場合もあるだろう。しかし、原因は何であろうとも、アメリカ人従業員に十分な猶予をもって仕事を依頼していないとすれば、駐在員には責められるべき理由がある。

上記のアメリカ人は次のように話を締めくくった：Lack of planning on your part does not constitute an emergency on my part.（あなたの側の準備不足は、私の側の緊急状態を作るわけではない）。

要するに、あなたの方で余裕をもって準備せず、最後の瞬間まで私への依頼を引き延ばしにしていたのだったら、私はその件を「至急扱い」にする必要はない、ということだ。これは、決まり文句として使われるフレーズである（コーヒーマグやTシャツにこの成句が印刷されていてびっくりしたこともある）。

こういう決まり文句があるということは、多くのアメリカ人がこのように感じる場面があるという証拠だろう。相手の準備不足から生じた厳しい締め切りを伴う依頼は、「正当な依頼」とは見なされず、従わなくて当然、となるわけだ。

また、これは極端な例だが、某日本企業には、目上の人、特に職位の高い人がした依頼は——たとえ気まぐれと思われるようなたぐいの依頼だとしても——、どんなものであれ、皆が自動的にその依頼を至急扱いにするという「社内文化」があるという。こういった文化は、アメリカ人から見ると理解しがたいものだ。個々の依頼、案件が本当に至急かどうか、きちんと考えるべきだ。

❀『狼と少年』の少年にならないように

日本の企業で働いているアメリカ人にしばしば見られるのが、"urgency fatigue"(「至急疲れ」:「至急!」と何度も言われるので、それを聞くのにうんざりすること)と私が呼んでいる現象である。**一緒に働いている日本人が何でもかんでも「至急」と言うので、その言葉自体、無意味になってしまうのだ。**そうなると、本当に至急な案件と、そうでないものとの区別がつけられなくなる。

これは、イソップ物語の『狼と少年(The Boy Who Cried Wolf)』と似ている。羊飼いの少年は、「オオカミが来た!」と叫べば、村の皆は大騒ぎするということを知り、オオカミがいなくても繰り返しそう叫んでいた。

そのうち村の人は慣れてしまって、彼の警告を無視するようになった。しかしある日、オオカミが本当に来てしまう。少年は「オオカミが来た!」と本気で叫んだが、村人たちはいつもの冗談だろうと思って外に出ず、オオカミは羊を全部食べてしまった。そういっ

た「少年」にならないために、日本人はurgentという言葉を使いすぎないよう気をつける必要がある。

　私が知っているある在米日系企業では、アメリカ人従業員と東京本社の日本人が直接連絡を取り合っていた。その際、日本人は事あるごとにemailに"urgent"と書いていたという。アメリカ人側はこれを、日本人はアメリカ人がどうせ設定日時どおりには返答しないだろうと思って、すべてにurgentと記しているのだろう、というふうに受け取っていた。

　しかし、東京本社のセミナーでその話を伝えたら、日本人側には全然そのつもりがなく、単にその件の大切さを示そうとしたのだと言う。これは、アメリカ人と日本人の間でurgentという言葉のニュアンスの解釈が違っているということだろう。

　アメリカ人の目から見れば、本当にurgentな案件はそんなに頻繁にあるはずないので、この単語を乱発するのはおかしいと感じるのだ。urgentのほかにも、time sensitive（時間的制約のある）、high priority（優先順位が高い）やquick reply requested（早急の返信を希望）などの表現があるので、状況に合う表現を選ぼう。ただし、毎回こういった表現を使うと、その効果が薄れることには注意したい。

🌸 家族構造の違いから来る柔軟性の欠如

　また、米国と日本では、家庭の構造と家族からの期待度がかなり異なっているので、日本人はそれを理解する必要がある。日本でも共働きは増えているようだが、米国では今や共働きやsingle parent（一人で子育てをしている親）の家庭数が、働く夫＋専業主婦の夫婦の家庭数を上回っている。

そのため、ほとんどの働いているアメリカ人が、家庭に対して何らかの責任を負っており、自分の時間を丸々仕事に費やすことはできない（90ページ参照）。特に、子供をデイケア・センターからピックアップするような個人的な責任を伴うものは、ギリギリになっての変更などもってのほかだ。

したがって、**何でもかんでも「至急」だと言われる環境にいると、アメリカ人は自分の私生活を守り、家庭における責任を果たすために、どこかで線引きをして、「絶対必要」と思われない至急な依頼は引き受けないようにするといった行動に出る。**

🌸 本当に「至急」な場合の依頼の仕方

もし自分の依頼が本当に至急であって、アメリカ人従業員にどうしてもすぐやってほしいのであれば、**なぜ至急なのかを具体的に説明することだ。日本人は、依頼をする時に、往々にしてこの説明が足りない。**

アメリカ人は優先順位を自分で判断したいので、理由の説明が不可欠なのである。その際、本当に相手を説得できるだけの、妥当な理由が必要なのは言うまでもない（もし説得力のある説明を考えつかないのであれば、自分の依頼が本当に「至急」なのかどうかを再考してみるとよいだろう）。

もう一つ大事なのは、アメリカ人従業員が至急の案件にきちんと対応してくれたら、必ず感謝すること。これをしないと、あなたはungratefulな（感謝していない）人のように見える。次回以降、至急の依頼をしようとしても、相手が応えてくれないかもしれないので気をつけよう。

まとめ 25

- ☑ アメリカ人は、「正当な依頼」なら残業もいとわない。
- ☑ 何にでも「至急」と言うのは禁物。本当の至急の案件との区別がつかなくなる。
- ☑ 「至急」と言う前に、「その案件が本当に至急か」「至急の理由を明確に述べられるか」「その理由は説得力を持つものか」を考えてみよう。
- ☑ 至急の案件に対応してくれたなら、必ず感謝の言葉を伝えよう。

日本語を教えたがらない日本人

日本語をアメリカ人に教えれば日本人の得にもなる！

> アメリカ人従業員から、「日本語を勉強したい」という希望が出てきた。しかし片手間に日本語を勉強してもどうせ身につくわけはない。それに、会社の経費で日本語の授業を提供することにも抵抗がある。果たして、日本語を勉強したいという従業員の希望に、会社は応えるべきなのだろうか。

❁ 決して流暢になりたいわけではない

　私は日本企業で働くアメリカ人を対象に、日本の文化とビジネス慣行に関するセミナーをよく主催している。その時、必ずと言っていいほど、参加者から「日本語を勉強したいのですが、何かお勧めのクラスや勉強法がありますか」という質問をいただく。日本企業で働いているアメリカ人の間では、日本語への関心は非常に高いようだ。

　しかし、日本語を身につけることは簡単ではない。特に、多忙な社会人が余暇に勉強するだけで、流暢になれるはずがない。**日系企業のアメリカ人従業員が「日本語を勉強したい」と言う場合、「流暢になりたい」と思っているわけではないのだ。**例えば、職場の雰囲気をなごませるために、一緒に働いている日本人に声をかけられる程度の日本語の表現や、日本への出張の際に使えるあいさつや日常会話などを知りたいのだ。

また、たとえ流暢にならなくても、彼らに日本語教育を提供することで、会社が得られる見返りはたくさんある。以下に例を挙げよう。

● 「語学の壁」の実体を肌で感じさせる
　日本語を勉強することによって、日本語と英語がどんなに違うのかを意識し、日本人社員の英語を使う努力を一層評価するようになる。

●日本人の話し方に対する理解を高めてもらう
　日本語の文法と思考パターンを知り、日本人の考え方や発言の仕方をよりよく理解できるようになる。

●人間関係作りを奨励する
　日本語を少しでも話せるようになると、一緒に働いている日本人との人間関係作りに役立つ。あるアメリカ人従業員はこう語っている。「僕は片言の日本語しか覚えられなかったが、とても役に立っている。例えば、『どうぞ』や『どうも』を職場で口にすると、一緒に働く日本人はいつも微笑んでくれる。雰囲気を和らげる効果があるし、私が彼らに敬意を持って接していることもわかってもらえているのだと思います」。

●一緒に働く日本人との共通の話題が持てる
　日本語について話すことは、休憩時間や食事の時に会話を弾ませるトピックになる。

●日本への出張の際、役立つ
　日本に出張したら、簡単な日本語でも役に立つし、本社の人も喜

ぶだろう。多くのアメリカ人にとって日本は未知なる国だから、初めての日本出張はとても緊張するはず。少しでも日本語ができれば訪日に対して随分自信が持てるはずだ。

●秘密的な雰囲気を少なくする

アメリカ人従業員は日本語が理解できないため、自分が仕事から疎外されている、あるいは何か自分にとってよくないことが秘密裡に行われている、という被害妄想を持つケースが多い。日本語の教育を提供することで、会社は日本語を「秘密の言語」として扱っているわけではないと示せる。

●「外資系企業」のメリットを強調する

アメリカ人従業員に日本語教育を提供したがらない理由として、日系企業であることをあまり強調したくない、という考えも挙げられよう。しかし、「この会社で働けば、日本語を覚えることもできる」のように、日系企業に勤務する利点としてアピールする方がむしろ得策だろう（米国に進出している欧州企業では、フランス語やドイツ語など、本社の国の言語のレッスンが提供されているという話をよく耳にする）。

日本語を学びたい大学生と会社員の違い

日系企業で働く人は、日本語を学ぶアメリカ人大学生と同じような動機やライフスタイルを持っているわけではない。したがって、大学生とは違う教材で教えなければならない。

私が知っている複数の在米日系企業は、アメリカ人従業員に日本語教育を提供しようとして失敗している。それらの会社は、大学で教えた経験を持つ人を先生として呼び、社内でアフターファイブの

クラスを開いたが、数カ月たつと誰も来なくなったのだそうだ。

原因は、授業の進め方が従業員のニーズに合わなかったということだろう。一日の仕事が終わった後に、誰も文法のような、理論的かつ複雑なものを勉強したくはない。楽しくて、明日からすぐ使え、役立つようなものを学びたいと思うはずだ。

さらに、出張や仕事の納期などの都合で、クラスに定期的に来られない人も多いので、個別に参加できるテーマ別のアラカルト方式が望ましい。このようなニーズに応えるため、よりクリエイティブな語学教育方法が必要になる。「時間があったときだけ参加でき、不定期でもいい」というようなスタイルのクラスが望ましいだろう。

クラスを設けること以外にも方法はある。最も経済的なのは、日本語のCD付き教材などを複数購入し、貸し出すことだ。特に通勤中に聞けるCD教材はとても便利だろう("Learn Japanese in Your Car"などというタイトルの教材もあるぐらいだ)。

従業員は自分のお金で高い教科書を買うことには抵抗があるが、会社が提供してくれれば喜んで利用するだろう。複数冊購入したとしても、会社の負担は数百ドルといったところだし、従業員の要望にきちんと応えているという大きなPRにもなる。

もし、こうした方法では飽き足らず、日本語を本当に真面目に勉強したいという従業員がいれば、職場の近くの大学やコミュニティー・カレッジのコースへの参加をサポートするという選択もある。

❀ で、誰がお金を払うべきなのか？

会社が払うべきか、個人が払うべきかを決める際、米国の企業は次のような基準を使う：もしそれが会社のためになる、その会社だ

けで使える特殊な知識やスキルで、勉強することを会社が要求したり、昇進するための条件にしていたりするのであれば、会社が払うべきだ。

　従業員個人の関心事で、今の仕事と直接関係のない、純粋に自己啓発的なもの、あるいは将来の転職に必要なスキルであれば、従業員が自分で払うべきだ。その間のグレーゾーンにあるものは、会社が部分的に補助することもある。

　日本では、英語を勉強しておけば、ほほどこの会社でも役に立つだろう。しかし、**米国では、日本語を勉強すること自体かなり風変わりなので、今働いている日系企業以外では、役に立つはずがないと思われている。したがって、日本語の勉強はアメリカ人にとって「会社のため」であり、会社がその費用を払うべき、あるいは少なくとも補助すべきだと思われるケースが多い。**

まとめ 26

☑ 日系企業に勤務するアメリカ人は、職場の雰囲気をなごませたり、日本への出張の時に役立てたりできる程度の日本語を知りたいと思っている。

☑ アメリカ人社員に日本語を学んでもらうと、以下のようなメリットがある。①「語学の壁」の実体を肌で感じられる、②日本人の話し方に対する理解を高められる、③人間関係作りを奨励できる、④一緒に働く日本人との共通の話題が持てる、⑤日本への出張の際役立つ、⑥秘密的な雰囲気を減らせる、⑦「外資系企業」のメリットを強調できる。

あなたの英語、ここが危ない！

　以下は、ある日本人から受けた質問だ。「以前、アメリカ人に社交辞令のつもりで、Let's do lunch sometime.（いつか昼食をご一緒しましょう）と言ったら、When?（いつですか）と聞き返されてしまいました。こんな時、どうすればいいですか？　英語では社交辞令は言わないものなのでしょうか」。

社交辞令のつもりだったのに……

　結論から言って、外国にも社交辞令は存在する。例えば、アメリカでLet's do lunch sometime.と言われたら、それは本当にランチに招待しているわけではない。しかし、日本人の社交辞令の頻度は外国人よりかなり高い。また、とてもまじめな口調と態度で言うことが多いため、この場合は本当に招待されたと勘違いしたのかもしれない。

　誤解を避けるためには、もう少しあいまいなものにした方がいいだろう。例えば、

I look forward to seeing you again.
　　　（次回お会いすることを楽しみにしています）

Please keep in touch.
　　　（連絡しあいましょう）

> **Please contact me the next time you visit Japan.**

Please contact me the next time you visit Japan.
　　　（次回日本を訪問する際はご連絡下さい）

のように。

　しかし、今回はすでに招待のように聞こえる社交辞令を言って、相手のアメリカ人はそれを文字通りに受け取ってしまったわけなので、その場でその招待を取り消したり、実は社交辞令だったということを説明したりするのは、まったくお勧めできない。

　なので、その場で日を決めずに後で連絡したいというようなことを言えばよいだろう。そうすれば、buy time（時間稼ぎ）ができる。しかしこの場合にも、今すぐ日時を決めない理由を言う必要はある。例えば、次のような言い方をすればいいだろう。

I have to check with my wife to see when would be a good time. I'll let you know.
　　　（妻に聞いて、いつがよいか確かめなければ。後で連絡します）

I need to check my calendar, so let me get back to you about it.
　　　（予定表を確認しないといけないので、後でお知らせします）。

　さらに、以下のように言えば、万一、相手が自宅に招待されたと勘違いされた場合にも、家に招けない言い訳ができる。

Actually, my wife is planning some remodeling, so the house will not be in any condition to receive guests for a while. Let's get together, but someplace other than my home.

> (実は妻が今、部屋の模様替えを計画しているので、しばらくは家にゲストを迎えられる状態ではありません。家以外の場所でお会いしましょう)

It would be great to get together again, but I was thinking about it, and it might be a bit inconvenient for you to come all the way to my home. So, why don't we make plans to meet at a restaurant downtown instead?

> (またお目にかかれるのは本当にうれしいですが、よく考えたら、私の家までわざわざ来ていただくのはちょっと不便ですね。代わりに町の中心にあるレストランで会うのはどうでしょう)

There's a festival going on in my town. Why don't we go to that instead of coming over to my place, I think you would enjoy it even more.

> (私の町でお祭りをやってるんです。私の家にいらっしゃる代わりに、お祭りに行きませんか？　その方があなたもずっと楽しいと思います)

　以上のように言えば、家以外のところでのランチに切り替えができる。しかし、会うこと自体をやめることはできない。関係が崩れてしまうからだ (なお、アメリカ人と仲よくなるには家に招待するのはとてもよい方法なので、その点も考慮しよう)。

危険なあいづち

日本人の英語が誤解を生む原因として、日本人の「あいづち」の習慣も挙げておきたい。**日本人が始終「はい（yes）」と繰り返したり、うなずいたりしていれば、相手はあなたが完全に内容を理解し、賛同していると解釈する。これはさまざまな誤解につながるので気をつけよう。** あいづちは、uh-huh. などを使うとよい。

特にアメリカ人の頭痛の種になっているのは、こんな状況である。日本人と会話をしている時、相手が話の内容を理解していないのではないかと思って "Did you understand?" と聞くと、たいていの日本人はうなずいて、"Yes." と言う。しかし後で、実はわかっていなかったことが明らかになることが多いのだ。

そんな時アメリカ人は、「わからないならわからないと、なぜはっきり言ってくれないのか」と、腹立たしく思う。自分が理解していない時には、わかったふりをせずに

Please go over that again.
　　（それをもう一度説明してください）

などと言って、理解していないことを相手に伝えよう。

板挟みになっている日本人

アメリカ人部下を味方につけよう!

ある日本人駐在員によると、彼の一番大きなストレスは、アメリカ人従業員と一緒に働くことではなく、日本の本社とのやりとりから生じるという。本社の社員はこちらの事情をまったく理解していないし、理解しようともしてくれない。結果的に「僕ら駐在員はアメリカ人従業員と本社の間で板挟みになって、苦悩するのです」とのこと。何かよい対策はあるだろうか。

日本の本社が、米国事業の抱える問題と米国流の仕事のやり方を十分理解していない、というのは、在米日本人駐在員の共通の悩みである。もちろん、すべての多国籍企業における問題でもあるが、特に日本企業の本社はグローバル化が遅れており、権限が中央集中化しているので深刻だ。

これはなかなか解決しにくい問題なので、決定的な silver bullet(問題を一挙に解決できる対策)は残念ながら提供できないが、下記の対策を導入すれば、ある程度緩和できるのではないかと思われる。

★ まず、本社の人間を教育せよ!

まず重要なのは、本社の人に米国の文化とビジネス習慣、市場の状況と顧客ニーズ、そして米国拠点の内部の事情をわかってもらう方法を見つけることだ。

一般的な米国の文化とビジネス習慣については、まずは本を読んでもらうことを勧めたい。この手の本はたくさんあるので、その中で最も役立つ内容のものを選ぶとよいだろう（しかし、米国に関する本なら何でもいいというわけではないので、選ぶ際にはご注意のほどを。長年日米ビジネスの異文化コンサルティングに携わっているアメリカ人の立場から見ると、誤った情報を載せている本や偏見に満ちた本もかなり見受けられる）。

異文化に関するセミナーの受講もよい方法である。米国の文化を理解しているコンサルタントに本社の人のトレーニング・セミナーを依頼すれば、よい教育になるだろう。

米国の業界基準と市場の特徴に関してより知ってもらいたい場合は、米国の新聞や業界誌からの切り抜きが非常に便利である。まとめて一つのレポートとして送っても、あるいは定期的に（毎週か毎月）送ってもいいが、大切なのは情報をたくさん提供することだ。これらの情報を集める際には、アメリカ人従業員に手伝いを頼むといいだろう（効率よく、適切な記事を選べるので）。そういった「教材」を日本にいる社員に提供することは、情報ギャップを埋めるのに有効だろう。

さらに、自社に関する資料も、アメリカ人従業員の手助けを得て作成した方が効率的だ。その依頼の際には、このような表現が使える。

▶ **I'd like your help in** assembling some materials about X that I can send to people at the head office. The purpose is to help them better understand what is happening here. (こちらで起こっていることをよりよく理解してもらうための資料を本社に送りたいので、Xに関する材料集めを手伝ってほしいのですが)

❀ アメリカ人従業員にも親会社と連絡をとってもらう

　日本人駐在員はしばしば、アメリカ人従業員と本社の人間の間に立って、太平洋をまたぐ、すべてのコミュニケーションのパイプ役を果たす。これは駐在員の負担を大きくするだけでなく、アメリカ人従業員と本社の人間がお互いを理解する機会をも減らし、さまざまな誤解と理解の欠如の原因ともなる。

　グローバルな状況の中にある日本企業の場合、日本人のみが日本語のみを使って仕事を遂行することに、当然ながら限界がある。**まず、日常的なコミュニケーションは、アメリカ人と本社の人に直接してもらおう。**もし本社の人の英語力がそのレベルに到達していなければ、アメリカ支社の方に、日本からの連絡を英訳したり、日本への連絡を英語から日本語に直したりできる、バイリンガルのスタッフをつけるとよい。あるいは、日本側にそういったバイリンガルのスタッフを入れてもよい。

　さらに、アメリカ人従業員を本社へ出張させるのもよい。そうすると、米国の市場の状況や事業の現状などについて直に話せるので、本社の人に与えるインパクトは強くなる。また、日本を訪問することによって、アメリカ人従業員も本社の考え方をよりよく理解できるようになり、知り合いも増える。そうすれば、米国に帰った後も本社とのやりとりに役立つに違いない。

　なお、本社社員の米国出張も生かすべき機会だろう。残念ながら、日本人駐在員とだけ接触して、アメリカ人従業員とはあまり話さないといった状況がよく見受けられる。そうならないように、計画的に本社からの訪問者とアメリカ人従業員が交流できる場を作ることが重要である。

🌸 板挟みの状況をアメリカ人に伝える

　私が見た限りでは、ほとんどの駐在員は、本社とのやりとりの苦労をアメリカ人従業員に話さず、一人で悩んで（suffer in silence）しまう。しかし、それではアメリカ人従業員にはあなたの立場がわからず、あなたの言動は奇異にさえ映るかもしれない。本社を悪く言いたくない、というのも人情なので、下記のような表現を使って自分の立場を伝え、アメリカ人の理解と協力を得よう。

▶ I realize that the reason for this request from the parent company is not completely clear. However, since they are the parent company, **we have to do as they ask**.（親会社から来たこの依頼の理由が、完全に明確でないのはわかっています。しかし、彼らは親会社ですから、依頼に従うべきです）

▶ Please realize that the Japanese staff here, including myself, are **in a difficult position**. Often, we **are caught in the middle between** the people from the head office and our American colleagues. We want to be responsive to the situation here, but we can't alienate the staff back in Japan.（われわれ日本人社員は難しい立場にいるということを理解していただきたい。われわれはしばしば、本社の人間とアメリカ人従業員の間で板挟みになるのです。こちらの状況に敏速に対応したいのですが、日本の社員を無視することはできません）

▶ Some of the parent company's policies **may be difficult to understand** from our point of view here at the U.S. operation, but I'm sure that **there must be a good reason** based on the company's overall global strategy.（こちらの米国事業の立場から見れば、親会社がとっている姿勢の中には理解しがたいものがあるか

もしれませんが、会社のグローバル戦略全体に基づいた納得のいく理由はあるはずだと確信しています）

▶ I am doing the best I can to explain our needs and situation to the staff in Japan. Even though I am trying very hard, **I cannot always persuade them** completely. （日本側にわれわれのニーズと状況を知らせるべく、ベストを尽くしています。しかし、私がいかに頑張っても、彼らをいつも説得できるわけではありません）

まとめ 27

- ☑ 日本の本社が、アメリカでの事業が抱える問題と、アメリカの仕事のやり方を十分理解していない場合が多い。本社のスタッフに事情を理解してもらえるよう、本や新聞、雑誌などの記事などを集め、情報を提供しよう。
- ☑ アメリカ人従業員にも、日本の本社との連絡を取ってもらい、お互いの状況を理解してもらおう。
- ☑ 板挟みになっている状況をアメリカ人従業員にも伝え、理解と協力を得よう。

Chapter 2_ こんな日本人と日本企業もコマリマス……

返事をよこさない日本の本社

もっと日本人従業員からのアドバイスを！

ある日本人駐在員は、アメリカ支社と日本の本社との総合窓口という大きな責任を抱えている。今後、本格的に現地化を進めていく予定なので、現地のアメリカ人社員に直接本社と連絡をとらせてみたのだが、うまくコミュニケーションがとれていないらしい。駐在員を間に立てずに、本社と現地間の情報の流れを円滑にするにはどうすればよいか。

❀ 日本本社はブラックホール！ 私のメールはドコ行った？

在米日系企業で働くアメリカ人の頭痛の種の一つは、日本の本社とのやりとりだ。例えば、依頼への回答が遅れる、まったく返って来ないといったことが頻繁に起こる。

あるアメリカ人従業員は「本社はまるでブラックホールだ。メールを出しても返事が来ない。もううんざりだ！」とフラストレーションを抱えていた。こういった本社の対応はアメリカ人従業員のいらだちを招き、現地化を妨げ、駐在員の仕事量を増やすことになる。何が原因なのだろうか。

言葉の壁があるのは言うまでもないが、アメリカ式のメールや手紙が本社の社員に失礼な印象を与える場合がある（たとえ本社の社

員が英語を理解する人であっても)。また、本社の担当者が明確でないため用件を誰に伝えればよいかわからなかったり、現地の従業員が本社の社員に認識されておらず、依頼した仕事の優先順位が下がってしまったりすることがある。

このような問題を解決するために、**駐在員がアメリカ人社員にアドバイスをする必要があるだろう**。そうすれば本社との関係はスムーズになるし、駐在員と現地採用の社員との関係も親密になる。

❁ アメリカ人従業員にこんなアドバイスを与えよう

問題解決のためには、次のようなアドバイスが役に立つ。

●理解しやすい英語を使う

本社にはできるだけわかりやすい英語を使った文書を出す。ほとんどのアメリカ人は、英語を母国語にしない人とのコミュニケーションに慣れていないため、こういった事前のアドバイスは有効だ。具体的には以下のとおり。

・正しい文法を使用する
・文は短く、複雑な文法は避ける
・口語、慣用語や流行している新語(buzzwords)を避け、ベーシックな英語を使う
・絵と図を利用する
・否定疑問文(negative questions。例えば Don't you want to go to the party?[パーティーに行きたくありませんか?])を用いた文章は、混乱を招きやすいので避ける
・皮肉(sarcastic)をこめた表現を避ける
・リストや箇条書きを活用する

●状況を十分に説明する

依頼の背景と理由を細かく説明する。関連している過去のメール内容や資料などもできるだけ添付する。

●依頼内容を明確にする

メールの件名に依頼内容を簡潔に記す。また、メール本文には何を依頼するかをわかりやすく書き、なおかつそれが目立つようにする。最後にもう一度、簡単に依頼内容を書いておく。例えばI'm waiting for your response about the expected date of shipment.（出荷予定日に関する返事をお待ちしています）のように記しておくとよい。

●締め切りを明確にする

いつまでに返事が必要なのかを明記する。

●時間を与える

本社の社員はいろいろな仕事を抱えているし、依頼内容によっては他の人と相談したり、調整したりする必要があるかもしれないので、時間的な余裕を持って依頼する。

●日本語独特の言い回しを取り入れる

アメリカ人のビジネスメールはストレートすぎたり、demanding（命令的、注文が多い）だったりするものが多いが、これは本社の社員に失礼ととられる場合がある。

ある日系企業で、日本の本社とのやりとりを任されていたアメリカ人社員は、元上司のアドバイスを実践しているという。いわく日本人にメールを出す時には、英語でも、sorry to bother you while you are busy（お忙しいところすみません）、sorry for making a sudden request（突然の依頼で恐縮ですが）、sorry for the inconvenience（ご迷惑をおかけして申し訳ありません）など、少なくとも三回謝る必要があると。

　アメリカ人は、特に同じ会社の人間にはこのような文章を書かないし、一般的にこうした謝罪の言葉を使わない。しかし、この書き方を導入してからは、日本の本社からの回答が早くなり、仕事の能率が随分上がったという。これは、本社とのやりとりをするアメリカ人全員に勧められるやり方だろう。アメリカ人にとっては、このようなスタイルは妙な感じに映るだろうが、「文化の違い」として説明しておけばよい。

●確認の連絡をする
　本社の社員は、確信のある答えが出るまで連絡をしてこない。しかし、取引先から情報をすぐもらうことに慣れている米国側のクライアントは頭にきて、アメリカ人社員に "Where's my answer?"（返事はどうしたのか）と質問してくる。この場合は、本社に状況の確認（status check）をする必要がある。一刻も早く返事がほしい場合には、以下のように、答えやすいリストを作る。忙しくても、これなら返事を出しやすい。

Please let me know the status of the shipment.
（出荷状況を教えてください）

1. Delayed （遅れている）
2. On time （スケジュール通り出荷予定）
3. Already shipped （出荷済み）

🌸 文書で役立つ表現リスト

次に挙げる表現は相手に丁寧な感じを与えるので、メールなどで活用してみるよう、アメリカ人従業員に伝えるとよい。

◉**本社からの協力を求める**

I need your assistance, please.（ご協力ください）

◉**背景や過程を繰り返す**

Here is what has happened up until now. **What is your advice?**（今までの経過はこのとおりです。アドバイスをお願いします）

◉**米国側から他にできることがあるかを尋ねる**

Do you **need more information** from us?（追加情報が必要ですか）

Is there **something further we can do**?（他にできることがありますか）

🌸 援助・情報・返事をもらったら感謝する

返事を受け取ったら礼を述べるよう、アメリカ人従業員に指導しよう。日本人も努力に対してポジティブ・フィードバックを受けるのが好きだ。努力に感謝しないと、次の依頼に対する返事がさらに遅れるかもしれない。

本社の社員と個人的な人間関係を作ることも望ましい。メールを書く時に仕事の内容だけでなく、仕事以外の話題を少し入れると親密度が増す。また米国の業界紙（誌）の切り抜きや、クリスマスカ

ードなどを送るのもよい。駐在員がこのような方法をアメリカ人スタッフに伝えて、彼らが日系企業でうまく働く方法を身につければ、本社での評価はきっと上がるに違いない。

> **まとめ 28**
>
> ☑ 日本の本社にメールを送っても返事がなかなか来ないので、アメリカ人社員がイライラ。そんな場合は、日本人駐在員がアドバイスする必要がある。
>
> ☑ アメリカ人社員には以下をアドバイスしてみよう。①理解しやすい英語で書く、②状況を十分に説明する、③依頼の内容を明確にする、④締め切りを明確にする、⑤時間を与える、⑥日本語独特の言い回しを取り入れる、⑦確認の連絡をする。
>
> ☑ 日本人だって、ポジティブ・フィードバックが大好き。返事をもらったら礼を述べるよう、アメリカ人従業員に伝えよう。

米国市場に疎い日本の本社

モノ、情報、知識の流れを一方向から多方向へ

 アメリカ人のマーケティング担当者が日本人の上司にこぼす。「日本の商品は、必ずしもこちらで売れるわけではない。こちらの市場に合わせるための変更をしなければならない。それを何回も本社の人に言ったが聞き入れられない。私の意見に聞く耳を持たないのなら、私がこの会社にいる必要はないのでは？」。部下が言っていることはもっともだが、日本人駐在員は本社を動かす難しさも痛感している。

日本でデザインされ、製造された商品を米国市場で売るためには、米国の顧客・消費者のニーズや好みを日本の本社に正確に伝えなければならない。大切なのは、本社側がアメリカ側からの声を聞くこと、そして、アメリカ人スタッフが本社に対して上手に提案することだ。

🌸 本社は米国市場に耳を傾けているか

日本企業の本社は概して、「デザインと生産はわれわれに任せて、あなたがたはアメリカで売る努力をしてください」などと言う。しかし日本の製品のコストが圧倒的に低く、品質が優れていた時代ならともかく、米国メーカーやアジア企業の競争力が高まったり、為替レートも変わったりした現在、顧客のニーズに敏感でないとアメ

リカでは成功しない。

 今こそ、一方的に本社が何を作るかを決めて、米国子会社がそれを売るという考え方から脱却し、本社は米国組織を通じてお客様の声を積極的に聞き、それに基づいた商品を企画すべきだ。グローバル戦略を成功させるためには、各国の特色を考える必要があるのだ。

 特に、ハイテク市場に関しては、米国企業はイノベーションの最前線に立っているうえに、他地域の顧客よりも要求が高い。米国子会社(および他の海外拠点)からの情報や提案に耳を傾けると、大いに収穫があるだろう。

 しかし、残念ながら、日本人の一般的な考え方では、親会社は子会社より地位が高いため、子会社の意見を聞く姿勢を持たないことが往々にしてある。また、子会社は本社の言うことに従う傾向が強い。その結果、駐在員が現地と日本本社の間で板挟みになるケースが後を絶たない。

 アメリカ人社員の能力をうまく生かしきれていないということも珍しくない。米国の子会社は、経験豊かで業界に深い理解を持つアメリカ人を雇用し、高い給料を支払っているにもかかわらず、その人の指摘を軽視しがちである。

 日本人ではないからなのか、たたき上げの人間と違って社外での経験しか持たないからなのか、それとも技術者でなく営業畑の人間だからなのか、そのあたりは定かでないが、いずれにしても十分生かされていないケースはよく見られる。

 現在のグローバル市場においては、この状況は時代遅れだ。成功するには組織の各部分(子会社でも、セールス部門でも、勤続年数の短い外国人スタッフでも)から入る情報を重視しなければならな

い。モノ、情報、知識が「中心から外へ」という一方通行で流れるのではなく、多方向で流れるのが真のグローバル企業である。

🌸 アメリカ人に非はないのか？

さて、ここまでは本社側の問題について書いたが、常に本社に非があるとは限らない。アメリカ人従業員の本社を説得する能力にも問題がある場合が多い。

言葉の壁はもちろん大きいが、それだけではない。私は仕事柄、日本に出張する日系企業のアメリカ人従業員と会う機会が多いが、彼らのほとんどが日本のマナーとビジネス慣行に関して、驚くほど知識が少ない。

要するに、何もトレーニングを積まないまま日本に送り込まれ、滞日中にマナー違反をしてひんしゅくを買ったりカルチャーショックを経験したりして、日本人に対しいらだってしまうのだ。その結果、本社の人間との間に不要な摩擦が起これば、出張の目的を達成するのは難しくなる。

本社を動かすためのキーポイントは、よい人間関係を築いて真のコミュニケーションを図ることである。しかし、日本人の考え方とやり方をまったく理解しないのでは、それは不可能だ。

飛行機代と宿泊費をかけて行くからには、本社の人と直接コミュニケーションを図り、米国市場の生の情報を本社に伝えなければもったいない。出張する前に、日本の文化とマナーに関する知識を習得させる必要がある。異文化コミュニケーションのセミナーに参加させたり、本を読ませたりするといいだろう。

また、日本ではどのように会議やプレゼンテーションが行われる

か、そして情報をどのようにまとめ、どんな形で表示すると日本人に理解してもらいやすいか、といったテクニックを教えることも重要だ。

さらに、アメリカ人従業員を初めて本社に出張させる際には、その人のプロフィール（勤続年数、以前の勤務先、業界での経歴など）を本社側に知らせておくことも重要である。そうすると、本人への信頼も高まり、本社側も適切に接することができるようになる。このことは、女性や実際の年齢より若く見える人の場合には、特に重要と言える。

最後に、米国市場で成功するためには、「本社と子会社」「技術者と営業マン」「日本人とアメリカ人」の区別を捨て、アメリカ人の市場エキスパートと日本人の技術エキスパートが対等な立場で協力するチームを形成することが大事だということを指摘しておきたい。

まとめ 29

- ☑ 日本の本社に現地の意見に耳を傾けてもらうには、アメリカの顧客や消費者のニーズと好みを、本社に対して上手に伝えることが必要。また、本社側にもアメリカからの声を聞く姿勢が求められる。

- ☑ モノや情報、知識が多方向に流れるのが、真のグローバル企業。

- ☑ アメリカ人従業員にも、日本の文化やマナー、ビジネス慣行を知ってもらおう。

Chapter 3
アメリカ人上司の下で働くのも楽ではない！

「アメリカ人の部下と働くのは、それほど問題ない。しかし、アメリカ人上司の下で働くのは難しい」と感じる日本人は少なくない。上司と部下の間のコミュニケーション方法が、アメリカ人と日本人ではかなり異なるからだ。米国企業で働いている、あるいはアメリカ人マネージャーの多い企業で働いているのであれば、上司がアメリカ人ということは大いにあり得る話。この章を読んで、しっかり心構えをしておこう。

部下の悩みに気づかない アメリカ人上司

仕事でアップアップしているのに、なぜ助けてくれない?

最近、仕事量が非常に多いので、それを何とかこなすために連日残業している。あまりの仕事の多さに精神的に参ってしまいそうなのだが、アメリカ人上司は私の現状に全然気づいていないようだ。しかもこんな悲惨な状況なのに、さらにもう一つ重要な仕事を私に回そうとしている。どうしたら、上司に私の悩みを気づいてもらえるだろうか。

♥「思いやり」がないアメリカ人上司

日本で「よい上司」と言われる人の特徴の一つに、部下に対して「思いやり」を持つことが挙げられる。部下の仕事の状況や進め方を常に観察し、部下の非言語的コミュニケーションについても、日頃から注意深く観察する。そして、部下にとって今の仕事の量はこなせる範囲のものかどうかを判断し、必要に応じて、部下を手伝ったり仕事の量を調整したりする。

対照的に、**アメリカ人の上司は、部下の仕事の進み具合をそれほど念入りには見ていない。**これはempowerment([部下への]権限委譲)という、アメリカで重要視されている管理方式と大きく関係している。上司は仕事の結果を見るが、仕事のやり方については全部部下に任せる、というのがその特徴である。

この「結果重視」の方法で仕事を進める場合、もし仕事上の問題にぶつかった場合は、部下は上司にその問題を積極的に伝える必要がある。**上司が気づくまでじっと耐えているだけでは、永久に問題は解決されない。声を出して、自分が助けを必要としていることを明確に伝えねばならない。**

♥ ポジティブな話題から会話を始めるのがコツ

自分の悩みをアメリカ人上司に打ち明ける際は、まず会話を肯定的な内容からスタートさせよう。**アメリカ人は、ネガティブなことをテーマに話す際も、どこかにポジティブな面がないかと探し、それを強調したいと考える。**ネガティブなことばかり言うと、会話全体が否定的なもののように聞こえてしまうのだ。

そのため、アメリカ人上司に問題を提起する場合は、まずポジティブなことを言わないと、不平ばかり言っているように捉えられるので、注意したい。以下は、会話を始める時に使えるポジティブな表現だ：

▶ I've been learning a lot from the various projects that I'm working on. （私は、関わっているさまざまなプロジェクトから、多くを学ばせてもらっています）

▶ I appreciate your giving me the opportunity to get involved in a wide range of tasks. （幅広い仕事に携わる機会を与えてくださって、ありがとうございます）

▶ It's a great experience for me to be working on ... （〜の仕事をするのは、私にとって非常に良い経験になっています）

♥ 悩みを明確に言う

まずポジティブなことを述べた後、However（しかし）に続けて、I have a concern that I'd like to share with you.（あなたに伝えたい悩みがあります）、あるいはThere's something on my mind I want to tell you about.（気になっていることがあるので、話したいのですが）などと言ってみよう。すると、アメリカ人上司は「仕事のことで何か相談したいのだ」とわかる。

この前置きの後に、悩みを伝えればよい。上司が理解できるように、できるだけ明確に述べるのが大切だ。また、声のトーンも重要だ。感情的にならず、冷静に声を高ぶらせることなく話す。

♥ できれば解決策を提案する

Chapter 1の1（14ページ参照）と4（35ページ参照）でお伝えしたように、アメリカ人上司は基本的に、部下が問題を提起した場合、それを解決するのは上司の役割だと考える。しかし、もし部下の方から実現性の高い解決策を提案できれば、部下自身の評価を上げることができるし、上司にとっても大きな助けとなる。解決策を提案する時は、

▶ I have an idea for how we can solve this.（これを解決するためのアイデアがあります）

▶ I've been thinking about it, and here is a suggestion that I think would help.（考えてみたのですが、解決の助けになると思われる提案をさせていただきます）

というようなフレーズに続き、具体的な内容を述べるとよい。もし提案すべき解決案がないのであれば、

▶ I've been thinking about it a lot, but I don't have a good idea for solving this. I'm hoping that you'll have a suggestion. (ずっと考えていたのですが、これを解決するためのよいアイデアが思い浮かびません。何かご提案いただければと思っています)

▶ I'm not sure what would be the best way to solve this. Do you have some ideas? (これをどう解決するのがベストなのか、よくわかりません。何かアイデアをお持ちでしょうか)

というような表現で伝えるとよい。そうすれば、自分ではまったく考えずに解決策を丸投げするような印象を与えずに済む。

♥ 頑張る姿を見せつつ、引き受けるのが難しいと伝える技

　冒頭の「私」の悩みにあったように、自分の仕事が手一杯の時に、アメリカ人上司がさらに大きな仕事を依頼してくることがあったとしよう。あらかじめ仕事量が多すぎることを相談していなければ、アメリカ人上司はその仕事の依頼が、無理難題の押しつけだとはまったく考えないだろう。

　「私」がさらに仕事を引き受けるのは無理だということを、アメリカ人上司に伝える必要があるが、いきなり「それは無理」「そんなことはできない」などと言うと、仕事に非協力的だと見られ、自分のイメージが悪くなる可能性が高い。それは当然避けたいところだ。

　Chapter 1の10（71ページ参照）でも書いたように、**米国ではcan-**

do attitude（「できます！」という前向きな姿勢）は高く評価される。アメリカ人上司からどれだけ無理な依頼を受けても、まずは肯定的な反応をするのが賢明である。

▶ Yes, I could make that happen. （はい、できそうです）

▶ I'm certainly willing to help you with that. （それに関しては、もちろんお手伝いしたいと思っています）

▶ It would be my pleasure to help make that happen. （それを実現できるよう、喜んで手伝わせていただきます）

▶ Our team would be happy to support that. （われわれのチームは、喜んでサポートします）

▶ I agree that it would be something valuable to do. （やる価値のあるものだということに賛成します）

このように自らの協力的な姿勢を示した上で、なぜその仕事を引き受けるのが難しいのかを説明する。説明する際も、表現に注意したい。「障壁」「難しい」といった否定的な言葉は使わず、その仕事をするには何が必要なのかを述べながら、引き受けることの難しさを伝えるのだ。以下のような表現を使ってみよう：

▶ There are several things that we would need to address in order to do it. （それをするには、取り組む必要のある項目がいくつかあります）

▶ Here's what I think would be necessary in order to make it happen. （それを実現するには、これが必要だと考えます）

▶ In order to do it, we would need to … （それを実現するには、私たち

は〜する必要があります）

▶ This is what it would take to do it. (これが実現に必要なことです)

冒頭の悩みの場合は、以下のように伝えられるとスマートだろう。

▶ I would really like to work on this new project. Since my current tasks are taking up all my time, in order to work on this I would need to have one of my current tasks reassigned to someone else or be allowed to hire an assistant. (この新しいプロジェクトにぜひ関わりたいです。しかし、私は自分の時間をフルに使って現在の仕事に取り組んでいるので、この仕事をするためには、私の今の仕事の一つをほかの人に割り当てるか、あるいはアシスタントを雇うことを認めてもらう必要があります）

　ここまで紹介してきた表現を活用すれば、仕事に協力的な姿勢を示しながら、なぜ依頼された仕事を引き受けることが難しいかを、具体的に説明できる。

まとめ 30

☑ アメリカ人上司は、empowermentの考え方から、部下の仕事の過程は見ず、結果のみを見ることが多い。

☑ アメリカ人上司に対しては、助けが必要な場合は、自ら声を上げる必要がある。

☑ 仕事上の悩みをアメリカ人上司に伝える場合は、①ポジティブなことを述べる、②悩みを明確に言う、③可能であれば解決策を提案する、の順番で。

自己アピールを期待する
アメリカ人上司

自分の強みや実績をはっきり口にすべき!

> 私は仕事に一生懸命取り組んでいるし、実際良い成果を挙げていると思うが、アメリカ人上司はそれを十分認めてくれない。それどころか、私と比べて仕事のレベルが明らかに劣っていると思われる人を高く評価しているように感じる。上司に、私の仕事の成果を認めてもらうには、どうすればいいのだろうか。

♥ 自分から積極的に言うべき

この本ではたびたび、米国社会では「自信を持って事に当たっている」とアピールすることが必要だと伝えてきた。その延長線で、**自分の強みや実績についても、積極的に自己アピールすることが大切**だ。そうしないと、アメリカ人上司に「あの人は自分の仕事に自信がないのだな」と思われてしまう。

加えて、Chapter 3の30（196ページ参照）で触れたように、empowerment（［部下への］権限委譲）という考えから、アメリカ人上司は部下の仕事の仕方をしっかりと見ていないことが多い。また、部下の成果についてもよく把握していないケースが多々見られる。そのため、自分の方から成果をきちんと伝えておかないと、彼らの部下への評価が、ある時点から固定化されたままとなる危険性がある。

謙遜をよしとする文化の中で生きている日本人が、自己アピール

に抵抗を感じるのは当然のことだ。慣れないことをする不安もあるだろう。ここで声を大にして言いたいのは、アメリカの昔の歌のタイトルにもあるように、"Accentuate the Positive"（**よいことを強調する**）と考えよう、ということだ。

　日本人は一般的に、自分の弱みや悲観的な考えなどを口にする傾向があるが、アメリカ人からすると、そういったものは暗い印象を与えるし、魅力的ではない。彼らと話す時は、自分の強みや実績など、「ポジティブ」で「明るい」話題が不可欠だ。ここでは、ポジティブな面を強調する上手な自己アピールの方法を紹介しよう。

♥ 日常的な場面で上司に気づいてもらう

　自己アピールするのに最適な機会は、「仕事でいい成果を挙げた」「顧客や社内の人から感謝の言葉をもらった」「改善の方法を見つけた」など、何かいいことがあった時だ。これらの成果を、積極的にアメリカ人上司に伝えよう。

　例えば、生産方式に関する改善を提案し、それを実行したところ成果が出たとしよう。その場合は、

▶ Check out how much better the production statistics look now that we have implemented the improvement plan. (改善プランを導入したところ、生産データがどれほど向上したかをご覧ください)

と言いつつ、具体的な数字を上司に見せることができる。

　また、顧客からのお礼メールが届いたのであれば、

▶ I wanted you to see this nice note I received from the

client.（顧客からすてきなメッセージをいただいたので、ぜひご覧に入れたかったのです）

と書いて、顧客からのメールを転送する。

ほんの少し勇気を出して、上司に自分のよいところを知ってもらえるよう、努力することが大切だ。

自分のアピールがどうしても苦手であれば、自分のチーム（チーム全体、あるいはチームのメンバー）について話すとよい。 チームに重点を置くことで、自分の手柄を誇っているような印象が薄れるため、日本人には心理的に受け入れやすい方法だろう。また、上司の立場にある場合、上層部や他の部署に自分の部下の長所を積極的に話すことになる。そういった行動は、アメリカ人上司の目には好ましく映る。

ただし、いくらアメリカ人上司だからといっても、過度な自己アピールはしつこく感じるかもしれない。2週間に1回程度に留めておくとよいだろう（幸運に恵まれて、よいニュースがたくさんある時は、全部まとめて上司に報告するのはアリかもしれないが）。

♥実績評価の際、自分の強みと実績をまとめて伝えよう！

日常的な場に加えて、**自己アピールが不可欠なもう一つのシーンは、一年に一度ある実績評価の場である。** 米国企業では、実績評価のプロセスは、人事管理システムにおいて、非常に重要な役割をもっている。ボーナスや昇給、昇格を決める材料として使われるからだ。

しかし、アメリカ人上司は他の国の上司と同様に、実績評価表を

記入することを面倒だと思っており、recency effect（新近性効果：最後に提示されたものが、最もよく再現できる）が発揮される場合が多い。つまり、直近の成果や勤務態度が、評価に直結しやすいというわけだ。

 そのため、アメリカの賢い部下たちは、**この一年間の努力と実績を自ら振り返り、評価の参考として上司にあらかじめ伝えておく**。最近では、多くの米国企業が自己評価表を社員全員に配布し、記入させている。もし自分の会社にそういったものがあるならば、積極的に活用するとよい。その用意がない場合は、自ら作成することをお勧めする。

 A4判1ページ程度に簡単にまとめるだけでも、上司が評価する際に大いに役立つ。そのメモのタイトルをKey Accomplishments During the Past Review Period（評価期間における主な実績）のような形にして、書いた内容を自信を持って話せるように練習しておけば、いい業務評価を期待できるのではないだろうか。

 自分の実績については、いつ尋ねられても上手に答えられるように、準備をしておくとよい。できるだけ具体的な情報——コストの節約、効率化につながったこと、売上の増加など——を記録するのだ。そうしておけば、自己アピールの材料を、常に手元に揃えておくことができる。

 また、実績評価表には、たいていstrengths（強み）という項目がある。自分の強みに関して問われたらすぐ答えられるように、こちらも準備しておこう。自分の強みを伝えるのに適切な表現のリストを用意したり、具体例を挙げられるように、エピソードをいくつか準備したりするといいだろう。

♥ ストーリーテリングを活用

自分の実績や強みを話す際に、より効果的な方法を採用したいのならば、**ストーリーテリング（物語の形で伝える方法）の活用**をお勧めしたい。これは「始まり」「展開」「締めくくり」といった物語の形式を用いて、情報を伝えるやり方だ。この方法を使うと、相手の頭の中に話の内容を強く印象づけることができる。

例えば、The client was really happy with our work on the project.（顧客はこのプロジェクトにおけるわれわれの仕事に、とても満足していた）という事実を、ストーリーテリングを用いて話すとすれば、以下のような形が考えられる。

- ▶ 始まり：We spent a lot of time talking with the client up front about their needs.（ニーズについて、事前に顧客と率直に話し合う時間をたくさん取りました）

- ▶ 展開：We used that information to change the way we structured the work.（その情報に基づいて、仕事の組み立てを変えました）

- ▶ 締めくくり：The client felt that the outcome was very useful to her company. And we spent 15 percent less time than usual completing the project because we worked in a more focused way.（顧客は、導き出された結論が非常に有用だと感じてくれました。仕事をよりフォーカスした形で進めたので、プロジェクトを完了させるまでの時間を通常より15％短縮できました）

同じよいことを伝えるならば、できるだけドラマチックに、相手の記憶に残るように話そう。

まとめ 31

- ☑ 黙っていては、アメリカ人上司に自分の強みや実績をいつまでも認識してもらえない。

- ☑ 自己アピールする場としては主に、①日常的な場、②実績評価の場がある。

- ☑ 自分についてアピールするのが苦手ならば、自分の所属するチームをアピールする手もある。

- ☑ 相手の記憶に残るよう、ストーリーテリングの手法を使うのもお勧め。

メールに返事をしない アメリカ人上司

スマートフォンが意外な原因

? 私のアメリカ人上司は出張や会議が多いので、直接話す機会を作るのが難しい。そのため、彼に何かを伝えたり相談したりしたい時は、メールを使うことが多い。しかし、このメールの返事にいらいらさせられることがあり、困っている。まず、私が一生懸命考え抜いて書いたメールに返事がないことがある。また、返事が来ても非常に短いもので、私のメールのある部分だけに反応して、ほかの部分に関しては何も言及していなかったりする。さらには、私のメールの内容を誤解して、的外れな返事が来ることもある。このままでは、アメリカ人上司とのメールのやり取りは単なる時間の浪費だし、フラストレーションがたまる一方だ。

♥ 日本人とは違う理由でメールをしない

Chapter 2の28（185ページ参照）では「返事をよこさない日本の本社」を取り上げたが、アメリカ人上司がメールに返事をしないのには、日本人とはまた違う理由がある。日本人の場合は、社内の複雑な意思決定システムや言葉の壁、人間関係が十分築かれていないことなどが理由として挙げられるが、アメリカ人上司の場合は、以下のような原因があると考えられる。

●多忙

　近年、アメリカの組織はリストラを繰り返し行うことによって、組織の「脂肪」をかなり削減してきた。その結果、多くのアメリカ人マネージャーは目の前の仕事に忙殺され、しなければならないことすべてに目配りできない状態に置かれている。もしかすると、そのアメリカ人上司には、メールを読んだり返事をしたりする時間が足りないのかもしれない。誰しもそうだが、忙しいときは注意散漫になりがちなので、あのメールには返事したと思っていたが、実は返事をしていなかったというケースも少なくない。

●受けとるメールが多い

　平均的なアメリカ人マネージャーは、一日100件以上のメールを受信している。部下からのメール一つひとつに丁寧な返信を返すのは、現実的に不可能かもしれない。

●ある種のトリアージを行っている

　波のように絶えずやってくるメールに対応する際、アメリカ人マネージャーは、すぐに対応できるものから返信しようとする。**ある種のトリアージ（緊急度の高いものから処理すること）を行い、返事しやすいものから先に対応して、そうではないものを後に回してしまうのだ。**

　もし、あなたがアメリカ人上司に送ったメールが長文で、返信するのに考える時間が必要な類いのものだとすれば、そのメールは後回しにされる可能性が高い。そうなると、後からどんどんやってくるメールの中に埋もれてしまい、結局返事されないままになる可能性がある。また、アメリカ人上司が、その長文メールを返事しやすいものと勘違いして、なるべく早く返事をしようとした結果、不十分な内容で送ってしまう、ということも起こり得る。

●スマートフォンの利用

すきま時間を有効活用しようと、多くのアメリカ人マネージャーは、スマートフォンを使ってメールの返事をする。送った方からすると、メールに早く気づいてもらえる利点はあるものの、スマートフォンを利用してのメールのやりとりには、不都合な点もある。

すきま時間、例えば「会議中」「スーパーのレジの列に並んでいる時」など、あまり集中できないところでメールを確認したり、返事をしたりしている可能性があるため、メールの内容に十分な注意を払えていないことが多いのだ。的を射ない返事や中途半端な内容が返ってくるのも、当然のことだろう。

上記の行動は、私自身にもかなり当てはまる。メールの返事が遅くなることが結構あるので、ここで部下や仕事関係者の方々におわびしておきたい。

これらの「アメリカ人上司がメールの返事をしない原因」をふまえ、読者にぜひ意識してもらいたいことが二つある。まず、たとえアメリカ人上司から十分な内容の返事が返ってこなかったとしても、上司はベストを尽くしているはずだということ。そして、彼らからのメールの返事が遅い、あるいは返事が来たとしても内容が不完全な場合、それを個人的な問題——つまり「私のメールの書き方が悪かったんだ」などと自分を責めるようなこと——として捉えないでほしい、ということだ。

♥アメリカ人上司へメールを書く時のコツ

この問題を完全に解決するのは難しいだろうが、改善に向けての方策をいくつか紹介したい。

Chapter 3_アメリカ人上司の下で働くのも楽ではない！

●フォローアップを遠慮しない

アメリカ人上司がトリアージを行う時、「返事しやすいかどうか」はかなり重要な判断基準だが、「声を上げている相手にまず対応する」という面も大きい。数日たってもメールに返事がない場合は、そのメールを再送した方が良いだろう。

●一つのメールに一つのトピック

長文メールは、ほかのメールの中に埋もれてしまいがちだ。「一つのメールに一つのトピック」を原則に、できるだけ短くまとめてメールを書こう。トピックが複数ある場合は、トピックごとにメールを分けたほうが、得たい答えを返信してもらえる可能性が高い。

●じっくり読んでほしい内容は添付ファイルで送る

長くて複雑な情報は、メール本文に書くより、添付ファイルにまとめた方が、上司にじっくり読んでもらえる可能性が高くなるだろう。

●メールの重要度を件名で示す

「件名」の書き方を工夫することで、アメリカ人上司がメールに注意を払ってくれる可能性が高まる。例えば、すぐに返事をしてほしいメールなら、HIGH PRIORITY（優先順位が高い）と書けば、そのメールの重要度が一目でわかる。また、件名の冒頭に大文字で、INFORMATION REQUEST（情報の依頼）、FYI ONLY（ご参考までに。FYIはfor your informationの略）、UPDATE（アップデート）、YOUR APPROVAL REQUIRED（要承認）のように、メールの内容を端的に示す言葉を書けば、アメリカ人上司がメールをトリアージする際の判断材料になる。

● メールだけに頼らない

最近、米国ではone-on-one（上司と部下による一対一の打ち合わせ）がはやっている。メールのやりとりだけに頼らず、アメリカ人上司にI'd like to set up a regular one-on-one with you.（定期的な一対一の打ち合わせをセッティングしたいのですが）と提案するのも一つの方法だ。

なぜかと聞かれたら、I think it would be the most efficient way to cover the various topics that we need to discuss together.（二人で話し合う必要があるさまざまなトピックを、一番効率的にカバーする方法だと思います）のように答えると良い。アメリカ人が「効率」に対して反対をすることはないだろう。こうした打ち合わせは仕事の内容にもよるが、週1回か、2週間に1回程度が望ましい。この機会を利用して上司と密度の高いコミュニケーションがとれれば、メールの必要性も多少下がるかもしれない。

まとめ 32

- ☑ メールの返事をしないアメリカ人上司には、いくつか理由がある。①多忙、②受けとるメールが多い、③ある種のトリアージを行っている、④スマートフォンの利用。
- ☑ アメリカ人上司へメールを書く時は、次のことに気をつけるとよい。①フォローアップを遠慮しない、②一つのメールに一つのトピック、③じっくり読んでほしい内容は添付ファイルにする、④メールの重要度を件名で示す、⑤メールだけに頼らず、一対一の打ち合わせも取り入れる。

Chapter 3_ アメリカ人上司の下で働くのも楽ではない！

忙しくても長い夏休みをとるアメリカ人

日本の会社では「今年の夏休み、2日しか休めなかったよ」などという声が聞こえてくるが、そんなことをアメリカ人が聞いたら、びっくりするかもしれない。長期休暇について、アメリカ人と日本人の捉え方の違いをご紹介しよう。

休暇はリフレッシュのために必要なもの

アメリカ人の休暇に対する考え方は、Chapter 1の13（89ページ参照）で書いた残業の話と似ている。日頃どんなにバリバリ働くマネージャーであっても、休暇を取るのは当たり前だと考えている。**休暇は、リフレッシュのために不可欠なもの。「ちゃんと休みを取らないなんて、考えられない、あり得ない」という認識**だ。

アメリカでは時折、日本のサラリーマンの大部分が、その年の有給休暇を使い切らないということが、一種の驚きをもって報道される。休暇をとらない生活は、それほどアメリカ人にとって理解しがたいことなのだ。とは言え、アメリカ人の休暇日数は、ヨーロッパの人々に比べれば短いので、もしこのテーマをフランス人やドイツ人との比較で語るのであれば、日本との差はより大きいものとなるだろう。

仕事に対しての考え方が反映

アメリカの会社では、社員は基本的に、職場のほかの人の仕事状況とは関係なく仕事を休むことができる。アメリカ人の考えでは、仕事は個人単位のものなので、いくらほかの人が忙しかろうが、自分の仕事がきちんと進行できてさえいれば問題ない。従って、誰にも気兼ねせず休めるというわけだ。

一方、日本人は仕事をグループ単位で考えるので、皆が働いている時に、自分一人だけ休むのはよくないと感じるし、周りの人もそういった行動を否定的な目で見る。

もちろん、業界によって繁忙期は異なる。さすがのアメリカ人も、仕事が確実に忙しい時期は避けて、休暇の計画を立てる。ただし、逆に言うと、それ以外の配慮はほぼゼロだ。休んだことで仕事に支障が出るのではないか、などと心配することもほとんどない。

　また、「仕事が忙しくなった」という理由で、予定していた休暇をキャンセルするアメリカ人も少ない。**休暇は自分のためだけではなく、家族のためのものでもあるという認識が強い**からだ。それに、もし休暇をキャンセルすることになると、飛行機代などの費用はまず戻ってこないので、結局損する可能性が大きい。それゆえに、よほどの緊急事態でない限り、アメリカ人の家族は休暇のキャンセルを許さないのだ。

2週間の長期休暇も珍しくない

　日本人が特に驚くのは、アメリカ人の休暇の長さだ。長期休暇となると、どーんと2週間とったりすることもある！　「本当に休みたい」「仕事から離れたい」あるいは「どこか遠いところへ行ってリラックスしたい」という時は、なるべく長めの日数をとるのが望ましいと考えられている。

　また、自分の国に里帰りするために休暇をとる場合も、飛行機代などを考えれば、休暇はやはり長くなる。この里帰りのための休暇を、英語ではhome leaveという。日本にある会社に勤めているアメリカ人、アメリカに移民してきたインド人など、さまざまな人がこれに当てはまる。

休暇中でも実はメールチェックしている

　こうして、何が何でも長期休暇を死守するアメリカ人であるが、ある世論調査によれば、アメリカ人マネージャーの大半は、たとえ長期休暇中であっても仕事メールをチェックするそうだ。

　アメリカ人上司をもつ日本人には、次のことをぜひお勧めしたい。それは、**アメリカ人上司が休暇に入る前に、休暇中にどんなことであれば連絡してもいいか、何を連絡してほしいかなどの確認をとっておくこと**だ。

　アメリカ人は基本的に権限委譲を好むので、**上司がいない間、どんなことなら自分一人で済ませていいかを尋ねてみることも必要**だ。もしかすると、上司の長期休暇は、自分自身がスキルアップできるチャンスになるかもしれない。

本心がわからない
アメリカ人上司

ほめられ上手になろう

? アメリカ人と働いてみると、よく言われるように、彼らは本当にポジティブ・フィードバックが大好きなんだな、と実感する。私のアメリカ人上司は、よく私をほめる。しかし、いくらほめられても、心の底からうれしくは感じられないし、どこか居心地の悪さすら感じる。「部下のモチベーションを保つために、心にもないことを言っているのではないか」などと、つい疑いの目で見てしまうこともある。アメリカ人上司のほめ言葉の裏には、いったいどんな本心が隠れているのだろうか?

♥ ほめられることに慣れていない日本人部下

Chapter 1の03（26ページ参照）で取り上げたように、日本人のマネージャーはほめるのが苦手。ポジティブ・フィードバックを伝えるのも得意ではないようだ。また、日本人の部下も、ほめ言葉に慣れていなかったり、違和感を覚えたりすることが多い。

日本で生まれ育った日本人の場合、今まで親や先生、スポーツチームの監督やコーチなどから、肯定的なコメントをあまりもらわずに過ごしてきたので、ほめられ慣れていないのだろう。それに、日本語には「ほめ殺し」という表現があるぐらい、ほめることは「何か真意がほかにあるのではないか」と怪しまれがちだ。ほめられて育つのが基本のアメリカ人とは対照的である。

そういった文化的背景の違いがあるので、アメリカ人上司が、アメリカでの常識にのっとり、彼らが思うごく普通のポジティブ・フィードバックをすると、日本人には「過剰なほめ言葉」「お世辞」のように聞こえるのかもしれない。しかし、言っているアメリカ人には特に他意はない。ほとんどのアメリカ人は、こういった発言に関してとても正直なので、**彼らは本当に、心からポジティブに感じたことを、日本人に伝えている**のだ。

❤ ほめられ上手になる方法

　私には日本人の部下が複数いる。そう、私はまさに「アメリカ人上司」なわけなのだが、私が伝えたポジティブ・フィードバックを、そのまま受け取ることができない日本人部下に、実際出会ったことがある。

　私の部下の一人が仕事で素晴らしい成果を出したので、アメリカ人としてはごく自然に、ほめ言葉とともに感謝を伝えたところ、「ロッシェルさんが顧客にポジティブ・フィードバックの方法を教えているのは知っていますが、私にはそれをわざわざ使わなくてもいいですよ！」と言われたのだ。私はびっくりして、それにどう応じればよいか困惑した。「嘘を言っているわけではなくて、ただ本当にあなたの仕事の出来がよかったと思ったのよ！」と言おうとしたが、部下に納得してもらえるかどうか自信がなかったので、その言葉は胸にしまったままにした。

　私の部下ほど直接的ではなくても、アメリカ人上司のほめ言葉を否定すると、上司の意見に反対しているかのように捉えられる恐れがある。たとえ謙遜の気持ちがあったとしても、アメリカ人上司には、こういった反応を返さない方が賢明だろう。

また、私の会社ではこんなこともあった。私が、また別の日本人部下にポジティブ・フィードバックを伝えたところ、「でも、私にはまだまだ足りないところがありますし、もっといい形でできたはずです。今度はもっとうまくいくように、頑張ります」と答えられたのだ。その発言は、日本人的な謙遜の精神と改善意識の表れであるだろうし、評価できるものかもしれないが、私が真っ先に思ったのは「私の発言を否定しないで！　まずはほめ言葉を素直に受けとって！」だった（決して口にはしなかったが）。

　「まだまだ足りないところがある」と答えた日本人部下は、上司の言葉にはこう答えるのが適切だ、あるいは上司から期待される返答はこうだろう、と思っていた可能性がある——もしも私が日本人上司だったならば、確かに「正解」だったのかもしれない。

　もちろん、アメリカ人上司も日本人上司同様、改善に関する提案には大いに関心を持っている。しかし、その段階に進む前に、**まずは、アメリカ人上司からのポジティブ・フィードバックをaccept（受け入れる）する必要がある**。以下のような表現が役に立つだろう：

▶ I'm glad you think so. （そんなふうに思っていただけて、うれしいです）

▶ Thanks for the positive feedback. （ポジティブ・フィードバックをありがとうございます）

▶ Thanks! I'm trying to do my best. （ありがとうございます！　ベストを尽くすよう頑張っています）

　シンプルにThank you!（ありがとうございます！）と返すのもOK。ポジティブ・フィードバックを受け取ったあと、もしも今後

の改善について話したいのであれば、

▶ I have some ideas for how to do it even better next time. Would you like to hear them?(次回さらに改善する方法に関して、いくつかアイデアがあります。聞いていただけるでしょうか)

のように伝えればいいだろう。しかし、ポジティブ・フィードバックをもらった場合は、基本的には上司にそれを受け入れるという意味の言葉を返すだけで十分だ。上司が自分をほめることに、少しでもハッピーと感じられるように努めよう！

♥ 建設的なフィードバックが欲しい場合は

アメリカ人マネージャーの多くは、日本人よりも直接的なコミュニケーションスタイルを持っているが、部下に対して否定的なメッセージを与えることをあまり好まない。そういった意味で、**建設的なネガティブ・フィードバックの欠如は、部下にとっては問題となるかもしれない。**

ほめ言葉だけでなく、自分の仕事を向上させるためのフィードバックをもっともらいたい場合は、どうすればよいだろうか？「自ら進んで依頼する必要がある」というのが私の答えだ。Chapter 3の30（196ページ参照）で、自分の悩みは上司に直接伝えるべきと提案したが、同様に、**建設的なフィードバックが欲しいということも、自分から依頼する必要がある。**以下の方法を参考にしてほしい。

●区切りのいいところで上司の意見を求める
アメリカ人上司は、日頃からあなたの仕事に関して意見を持っているはず。機会があったら、上司の意見を尋ねるとよい。「大きなプ

ロジェクトが完了した後」「大切な営業訪問の後」「重要なプレゼンの後」など、区切りのいい時がチャンスだ。

▶ What do you think? (どう思いますか)

▶ How do you feel it went? (どうでしたか)

▶ Is there anything I could have done better? (これをすればもっとよくできた、という点はありますか)

とアメリカ人上司に聞くことによって、建設的な意見を引き出せる。

●定期的な打ち合わせを設定する

Chapter 3の32(208ページ参照)で紹介した上司との定期的なone-on-oneミーティングは、建設的なフィードバックを得るのにも役立つ。上司と話す時間が多くなればなるほど、意見を聞くチャンスが多くなる。定期的なミーティングを提案するため、以下の表現を活用してみよう:

▶ I want to improve my performance, and I very much value your input. Would it be possible for you to schedule a regular time for me to hear your thoughts about my work? (私は自分のパフォーマンスを向上させたいですし、あなたの意見をとても大切にしています。私の仕事に関するあなたの考えを聞くための時間を、定期的な形で設けていただくことはできるでしょうか)

忙しい上司であれば、ミーティング時間を短くしたり(例えば15分)、頻度を2カ月に1回、あるいは3カ月に1回にするなどの提案を付け加えてみよう。

●昇進の準備のために質問する

上司にフィードバックを依頼する際に、What do you think I need to work on to be ready for ...?(〜の準備として、私はどんなところに力を入れた方がいいと思いますか?)と尋ねることもできる。

自分が興味をもっている次の配属先や、ぜひ関わりたいプロジェクトなどを明確にして、その準備に必要なフィードバックがほしい、と伝えるとよいだろう。米国企業では、自分の将来のキャリアパスを上司と相談するのに適切なのは「評価面談」の場なので、その時にこの質問を使ってみよう。

以上に挙げたような形で、アメリカ人上司に建設的なフィードバックを求めた際に、もしもネガティブ・フィードバックが返ってきたら、まずはそれをそのまま受け止めることが大切だ。

▶ Thank you for the feedback. (フィードバックをありがとうございます)

▶ I appreciate your sharing that. (伝えてくださって、ありがとうございます)

▶ I'm glad you told me that. (それをお伝えくださり、とても嬉しいです)

のように、きちんと言葉で伝えよう。たとえ自分が納得していなくても、上司の意見にいきなり反対したり、自己防衛的になったりしてはいけない。フィードバックに対して否定的な反応を見せれば、逆効果になるので気をつけよう。

まとめ 33

☑ アメリカ人上司のほめ言葉やポジティブ・フィードバックは、素直に受け取るべし。また、受け取ったしるしとして、Thank you! などの言葉を必ず伝えよう。

☑ 建設的なフィードバックをもらいたいときは、自ら進んで依頼すること。その際、ネガティブ・フィードバックを伝えられたら、きちんと受け止める。感謝の気持ちを伝えるのも忘れずに。

日本市場の特徴を理解しないアメリカ人上司

具体的に示し、粘り強く伝える

> 私は米国企業の日本支社で働いている。日本市場には米国や諸外国の市場とは違う特徴があるのに、本社はそれをまるで理解しようとしない。「日本のお客様にどのように見られるか」という重要な観点が抜け落ちている上に、「これはグローバルレベルで決まったことだから」と、商品企画や戦略、マーケティングの方法まで、そのままの形で日本に押しつけてくるので頭が痛い。日本市場にフィットするよう何らかの調整をしない限り、わが社が日本で成功を収めるのは非常に難しいと思うのだが……。

♥ 日本市場の「特別さ」が信じがたい

Chapter 2の27（180ページ参照）と29（191ページ参照）では、米国市場を十分理解していない日本本社について述べた。それと対をなすように、自分が働いている米国企業が、日本市場をわかろうとしないと懸念している日本人も少なくない。これはある意味、多国籍企業の海外拠点における、現地採用従業員たちの共通の悩みだと思われる。

商品開発の際に留意すべき日本と米国の違いやポイントについては、アメリカでもすでに広く認知されている。例えば、「日本の消費者には他国とは違う特別なこだわりがある」「品質にかなり厳しい」「アメリカ人より平均的に体格が小さい」「アメリカの家に比べると、

日本の家は狭い」「気候が異なる」などといった、日米の違いについての事実である。

商品や製品そのものを日本の顧客のニーズに合わせる必要性については、多くのアメリカ人上司が理解するだろう。むしろ**アメリカ人が当惑するのは、日本の商習慣だ。**

最初のコンタクトから契約までに費やされる時間、営業スタイル、期待されるカスタマーサービスとアフターケア、アメリカ人の目からは不必要にも見える表敬訪問、接待、書類作成、報告、複雑な流通、特殊な人事慣行や労働基準法、行政機関の要求……。このあたりの理解に苦しむアメリカ人上司（やスタッフ）は多い。

日本の独特な商習慣を積極的に学びたいと思っているアメリカ人なら問題ないだろうが、たいていはそうではない。「なぜ日本市場だけそんなに『特別』なのだろうか。アジアを含めたほかの海外拠点では、アメリカと同じ方式で成功している。本当に、日本市場のためだけに特別な配慮が必要なのか」と感じているアメリカ人は少なくない。特に、その企業が誇りに思っている仕事のやり方や営業手法がある場合、「このやり方で進めれば、世界中どこでも成功する」と認識している可能性が高い。

♥ できるだけ具体的に説明する

アメリカの親会社がグローバルで実施している戦略、あるいは親会社がこれまで長期的に行ってきたやり方を日本市場限定で変更するには、相当な説得のエネルギーが必要となる。簡単なことではないが、何事もやってみなければわからないし、やってみる価値はある。ここでは、日本の事情にそれほど詳しくないアメリカ人上司や、アメリカの親会社へのアプローチに関するヒントをいくつか紹介し

よう。

まず、ただ「日本は違う」と言うだけでなく、**具体的にどこが違い、なぜその違いが発生して、その違いが会社のビジネスのやり方にどのようなインパクトをもたらすか**、といった**説得力のある説明**が必須となる。

日本人にとっては、日本市場の特殊性、特別さは言うまでもないものだろうが、対アメリカ人上司、対アメリカ本社の場合、丁寧に説明を重ね、説得する必要がある。そのためにはデータが必要だ。

テーマによっては、専門コンサルタントやマーケットリサーチ会社にレポートを書いてもらうのも有益だろう。書籍や新聞・雑誌記事にも役立つ情報が載っている可能性がある。ジェトロ（日本貿易振興機構）やACCJ（在日米国商工会議所）も、精度の高い情報やデータを集めている。

重要なのは、説明の内容がアメリカ人の視点から見て、明快で根拠を理解しやすいか、ということだ。「日本人なら誰でも知っている」と思われるような情報でも、アメリカ人の理解の助けになるなら入れるべきだろう。また、米国市場との比較が盛り込まれている情報は、なるべく多くあった方が望ましい。

♥ 肌で感じてもらう

Seeing is believing（百聞は一見にしかず）**という言葉があるように、先に述べたデータも大切だが、自分の目で見てもらうのが、やはり一番説得力のある方法だ。**

日本市場をより深く理解してほしいアメリカ人には、日本の顧客やディストリビューター（卸売業者）、パートナーなどの関係者に会

う機会をなるべく多く設け、日本市場の特徴について直接聞いたり観察したりしてもらう。もちろん、誰に会わせ、どんなことを話してもらうのかについては入念に計画し、表面的な話で終始しないようにする。

♥ 言い訳に聞こえないよう気をつける

ある米国企業本社のアメリカ人から、こんな話を聞いたことがある。その会社は、全社的に営業方法を変えようとしていた。「製品を売ること」に重点を置く従来のスタイルから、顧客に有益な「ソリューション」を提供する営業にシフトするという戦略変更だった（実際のところ、近年アメリカの多くの会社がソリューションスタイルの営業にシフトしている）。

彼によると、日本の子会社はこの方針転換にかなり抵抗した。なぜ抵抗するのかと私が尋ねたところ、「わからない。日本からは説得力のある回答は何も来ない。ただ『日本は違う』と言うばかりだ。僕から見ると、それは言い訳のように聞こえる。変わるのがいやなだけだよ。今までやってきたことを続けたいんだろう」。

残念ながら、日本側の言い分を聞く機会がなかったため、彼の意見が正しかったかどうかを確かめる術はない。しかし一つ明らかなのは、たとえ日本側に明確な理由があったとしても、そのアメリカ人にはきちんと伝わっていなかったということだ。

ここで、Chapter 3の30（196ページ参照）で扱ったことを思い出してほしい。アメリカ人から何か依頼を受けた場合は、まずは肯定的な反応を見せる必要がある。この日本の子会社の人々は、そうしなかった可能性が高い。

このような場合、日本の子会社の社員はどのように返せばよかったのだろう。最初にすべきことは、全社的な動きへの支持を表明することだ。例えば、

▶ We are happy to be a part of the company's shift to solution sales.（ソリューション営業への転換に喜んで参加します）

のように。そして、どのように日本に適応させるか、あるいは日本独自の環境に合うように調整するかについて話し合う切り口として、以下のような表現を使うとよい。

▶ I'm looking forward to discussing with you how we can implement this effectively here, taking into account some of the unique features of the Japanese market that may impact its success.（われわれがこれ［ソリューション営業］をどう効果的に実行に移せるかについて、皆さんとディスカッションすることを楽しみにしています。日本市場への導入成功に影響を与えるであろう、日本市場の独特な特徴についても話し合いたいと思います）

♥ 学びの機会を提供する

日本市場への理解を深めるために、学びの機会を提供することも大切だろう。例えば、在日アメリカ人駐在員や本社のアメリカ人社員が、日本の商習慣について専門コンサルタントのレクチャーを受ける。あるいは、日本の子会社の社員に、日本の商習慣について詳しく話してもらうのだ。

実際に、そのような方法で、問題が改善された例を紹介しよう。日

本に支社があるアメリカのとある医療機器メーカーでは、日本当局への資料提出に関して、多くの問題が発生していたという。日本では、臨床データをはじめとした、複雑かつ大量の書類提出が要求された。その内容も他国に比べて非常に厳しく、詳細にわたるものだった。

書類の作成を担当していたアメリカ本社や他国の支社の社員たちは、なぜ日本ではそのような複雑なプロセスが必要なのかを理解できていなかったので、日本の当局が求める基準に書類の内容をなかなか合わせられずにいた。その結果、仕事においてかなりの遅延や摩擦が生じていた。

そこで、これらの問題を解決しようと、日本支社の業務に関係するスタッフを対象に、日本市場への理解を促すセミナーを開催したのだそうだ。なぜ日本では、そのような詳細かつ複雑な書類が必要なのかについて、丁寧に説明したところ、社員たちの理解が深まり、問題がかなり緩和されたという。

ここで挙げたいくつかの方法をもとに、**アメリカ人上司やアメリカの親会社と積極的に情報をシェアし、日本市場に対する理解を深めてもらおう。**

まとめ 34

- ☑ アメリカ人上司には、日本市場の「特別さ」はにわかに信じがたい。さらに日本独特の商習慣に戸惑い、理解に苦しむ場合が多い。
- ☑ アメリカ人上司やアメリカの親会社を説得しようと思ったら、ただ「日本は違う」と言うだけでなく、具体的にどこが違うのか、なぜその違いが発生して、その違いが会社のビジネスのやり方にどのようなインパクトをもたらすのかを、データとともに明示することが大切。
- ☑ 日本市場を自分の目で確かめてもらうことも、一つの手。
- ☑ あくまでも、日本市場の特徴が「言い訳」にならないように気をつけること。
- ☑ 日本市場に関する学びの機会を提供することも効果的である。

おわりに

「うちは日本の会社ですから、日本のやり方でやりましょう」
「ここはアメリカですから、アメリカのやり方に従うべきです」
「日本では、日本式なビジネススタイルで行かないと、成功できない」

日本人とアメリカ人が一緒に仕事をする時、ビジネスのやり方に違いが出てくるのは、どうしても避けられない。この本では、そういった具体例を数多く紹介した。

「郷に入っては郷に従え」は大切だが、それには限度がある。日本人がアメリカのビジネススタイルに適応しようとするあまり、日本人らしさを失うのは望ましくない。同様に、日系企業で働く、あるいは日本に住み働くアメリカ人に、100％日本人と同じ行動を取ることを期待するのは無理だし、ふさわしくない。アメリカ人の長所が消えてしまったら、それはそれでもったいない話だ。

そこで、社内で米国式と日本式の対立や摩擦を防ぎ、なおかつお互いの長所を生かしながら働くために、「ハイブリッド文化」を作ることをお勧めしたい。ここで私が言う「文化」とは、ある特定のグループ（国、会社、部、チームなど）が持っているやり方や規則・習慣のことである（中には、各人が特に意識していないものも含ま

れる)。ハイブリッド文化は、日本の文化でも米国の文化でもなく、その両方の長所をとり混ぜた新しい文化であり、その会社やチーム独特のものである。

　ハイブリッド文化をどのように作り上げるか。まず、アメリカ人と日本人の従業員が話し合って、米国のやり方の最もよい部分と日本のやり方の最もよい部分を選び、皆が納得できる「文化」を明文化する。その文書には、そのグループ内の全員が今後働く上で順守すべき行動様式（norms）が盛り込まれる。その行動様式を実行に移していくのである。代表的なものを挙げると、以下のようなものになる：

　使用言語は英語、日本語、あるいは両方とするか。それをいつ使うか。バイリンガルではない人のために、どんな支援をするか／書類の扱い方／報告の仕方／会議の目的・頻度・やり方／本社との連絡のとり方／目標設定の哲学／コンセンサスのとり方／意思決定の仕方

　ここで実例を見てみよう。私の会社のクライアントの一つである在米日系企業が、社内のアメリカ人と日本人との間に対立があると相談を持ちかけてきた。日本人とアメリカ人が参加していた会議において、冒頭から英語で話をしていたにもかかわらず、突然日本人が日本語の会話を始めた。しかも、長い間それが続いたため、会議に参加していたアメリカ人たちは、話の内容がわからなくなってしまった。このことをアメリカ人たちは不快に感じ、このわだかまり

がずっと尾を引いているという。

　そこで、次のような行動様式を定めた。日本人が英語を一日中使うのはつらいということ、場合によっては日本人同士の場合、母国語である日本語の方が密度の濃い話ができるということを鑑み、会議の中では条件付きで、日本語を使用することを認めた。その条件とは、日本語の会話に入る前に、周りのアメリカ人に、"Excuse me, but we need to speak in Japanese for a moment."（しばらくの間、日本語で話をしたいのですが）のような表現を使って許可を得ること、そして日本語の打ち合わせが終わった時点で、アメリカ人参加者のために何が話されたかを英語で説明するというものである。このやり方は日本人とアメリカ人双方の賛成が得られたので、皆が守るべき行動様式として導入された。このように作成した行動様式を実践することで、ハイブリッド文化が定着していくのだ。

　在米日系企業であれ在日米系企業であれ、社内にはさまざまな文化が存在する。米国の場合は、移民国家ということもあり、さまざまなルーツを持つ人々がいて、それぞれ自分のルーツの文化を担っている。その上、人種や宗教の違いもあり、これに性別、出身地、職務、教育レベルなどを含めたカテゴリーがそれぞれ、その人のサブカルチャー（subculture：下位文化）を形成している。

　日本は米国より同質性（homogeneity）が高いが、実際には、日本人の間にもさまざまなサブカルチャーがある。最近では外国人が

いる職場も珍しくない。

　ハイブリッド文化を形成することで、グループの各メンバーが持っている多様な文化やサブカルチャーを反映し、長所を生かせるようになる。つまり、1＋1＝2を超えたシナジー効果（synergy effect）が生まれるということだ。

　率直に言うと、多様性のあるグループの中で働くというのは、実は面倒なことも多い。各人の背景にある文化が違うからだ。そのため、同質性の高いグループで働くことを好んでいる人は少なくない。しかし、メンバーがうまく協力しあえば、多様性のあるグループの方がより大きなシナジー効果を生み、よい結果を出すことが多いと言われている。その可能性を実現するためには、ハイブリッド文化の形成は、なくてはならないプロセスだ。

　ハイブリッド文化の形成と醸成が進み、日本人とアメリカ人がともに力を合わせて、ビジネス上でよいシナジー効果を生み出せることを祈りつつ、この本の終わりとしたい。

ロッシェル・カップ

ロッシェル・カップ　Rochelle Kopp

職場における異文化コミュニケーションとグローバルビジネス、人事管理を専門とする経営コンサルタント。イェール大学歴史学部卒、シガゴ大学経営大学院修了（MBA取得）。日系大手金融機関の東京本社での勤務を経て、日本の多国籍企業の海外進出や海外企業の日本拠点の展開、グローバル人材育成を支援するジャパン・インターカルチュラル・コンサルティング社（www.japanintercultural.com）を設立し、社長を務める。現在、北米、日本、ヨーロッパ、南米、中国、フィリピンに拠点を置き、トヨタ自動車、東レ、アステラス製薬、DeNA、JINSなど、多くの日本企業へのコンサルティング活動を行っている。『英語の交渉　直前7時間の技術』（アルク）、『日本企業の社員は、なぜこんなにもモチベーションが低いのか？』（クロスメディア・パブリッシング）をはじめ、著書多数。

反省しないアメリカ人をあつかう方法 34

発行日：2015年12月21日　（初版）

著者：ロッシェル・カップ
編集：アルク　英語出版編集部
校正：阿津坂光子、Margaret Stalker

装丁：早坂美香
本文デザイン：新田由起子（ムーブ）
イラスト：北村人

ナレーション：Rachel Walzer、桑島三幸（ダウンロード分）
録音・編集：有限会社ログスタジオ（ダウンロード分）
DTP：株式会社秀文社
印刷・製本：萩原印刷株式会社

発行者：平本照麿
発行所：株式会社アルク
　〒168-8611　東京都杉並区永福2-54-12
　TEL：03-3327-1101
　FAX：03-3327-1300
　Email：csss@alc.co.jp
　website：http://www.alc.co.jp/

落丁本、乱丁本は弊社にてお取り替えいたしております。
アルクお客様センター（電話：03-3327-1101　受付時間：平日9時～17時）までご相談ください。
本書の全部または一部の無断転載を禁じます。
著作権法上で認められた場合を除いて、本書からのコピーを禁じます。
定価はカバーに表示してあります。

© 2015 Rochelle Kopp / ALC PRESS INC.
Jin Kitamura
Printed in Japan.
PC：7015067
ISBN：978-4-7574-2683-2

地球人ネットワークを創る
アルクのシンボル「地球人マーク」です。